———————— 本书为 ————————

- 国家社会科学基金重大项目"欧亚视野下的早期中国文明化进程研究"（18 ZDA 172）

- 教育部哲学社会科学研究重大专项项目"中国上古基因谱系、族群谱系和文化谱系的对证研究"（2022 JZDZ 023）

- 郑州中华之源与嵩山文明研究会重大课题"早期中国文明起源的区域模式研究"

———————— 阶段性成果 ————————

韩建业

著

中华文明的形成

文物出版社

图书在版编目（CIP）数据

中华文明的形成 / 韩建业著. -- 北京：文物出版
社，2024.8. -- ISBN 978-7-5010-8470-8
Ⅰ. K871.04
中国国家版本馆CIP数据核字第2024BQ1833号

审图号：GS京（2024）0861号

中华文明的形成

著　　者　韩建业

责任编辑　彭家宇
责任印制　张　丽

出版发行　文物出版社
社　　址　北京市东城区东直门内北小街2号楼
邮政编码　100007
网　　址　http://www.wenwu.com
经　　销　新华书店
制版印刷　天津裕同印刷有限公司
开　　本　710mm×1000mm　1/16
印　　张　15.75
版　　次　2024年8月第1版
印　　次　2024年8月第1次印刷
书　　号　ISBN 978-7-5010-8470-8
定　　价　108.00元

自 序

　　本书名为《中华文明的形成》，主要是因为中华文明形成于5000年前这件事很重要，值得强调。还有一个原因是本书中收入了好几篇和南佐遗址新发现相关的文章，而南佐都邑恰好建于距今5000年左右，为"中华文明五千年"提供了强有力的新证据。不过本书的内容不限于此，还涉及中华文明起源、形成和早期发展的总体进程，中华文明的范围、结构、模式、特质及长存之道，与古史传说的关系，以及与亚欧大陆其他古老文明的关系等很多方面。

　　近几年"中华文明探源"成了热词。国家对以"中华文明探源工程"为代表的探源研究高度重视，重大考古发现层出不穷，考古学和中华文明历史研究相关主题连续几年入选"中国十大学术热点""中国历史学十大研究热点"。公众讨论中华文明起源的热情也很高涨，经常有人问我文明起源的问题，问得最多的好像是关于三星堆，我会告诉他们一些考古学上的常识：三星堆文化的前身是宝墩文化，再往前是桂圆桥文化、仰韶文化，还有来自长江中游的文化因素；三星堆人的核心观念同样是"敬天法祖"，只是祭祀方式有特色。我注意到在我说这些的时候，提问者眼中那充满好奇的光慢慢暗淡下来。也有人问我金字塔是否真是水泥做的，或者泥板文书、纸莎草文书是不是几千年前的文物。我说有机会的话最好去埃及、西亚等地走一走，或者至少到中国各地的博物馆看看，你会看到金字塔主要是石灰岩垒砌的，石灰岩和水泥并不难分别；你会明白在埃及、伊拉克那些干旱少雨的地方，泥板文书和有机质文物保存几千年并非难事；你会在江南的井头山、跨湖桥等遗址的饱水堆积中，看到七八千年前保存很好的木质工具、建筑构件甚至草席，年代比泥板文书、纸莎草要早得多；你会在罗布泊旁的小河墓葬看到三四千年前鲜亮如新的各种皮毛衣物，仿佛昨天才入葬一样。

很多人对考古学的兴趣出于本能的好奇，由好奇而引发各种想象，考古发现进一步激发想象，但考古学同时也会击碎人的很多想象，往往只留下符合实际的那一个。我承认每个人都有权想象过去，但并非每个人都有能力和机会获得历史真相，而历史一定是有相对真实性的，考古学就是洞察历史真相的最重要的途径之一。我作为一个考古学者，一直以探寻上古历史真相为己任。我很希望我们对古代的中华文明乃至全球文明不能仅停留在好奇和想象上，而是上升到追求真相；不仅要文化自信，还要以开放包容的态度看待其他文明。我很同意这句话："尊重世界文明多样性，以文明交流超越文明隔阂、文明互鉴超越文明冲突、文明共存超越文明优越。"

本书收集的22篇文章都是我近三年来发表的，其中《南佐遗址初识——黄土高原地区早期国家的出现》一文是和张小宁、李小龙合作写的。这些文章分上、下篇，上篇包括9篇论文，发表在《历史研究》《文物》《社会科学》《学术前沿》《江汉考古》《华夏考古》《中华民族共同体研究》《华中师范大学学报（人文社会科学版）》等刊物；下篇包括13篇普及性文章，发表在《人民日报》《光明日报》《学习时报》《中国社会科学报》《中华读书报》《甘肃日报》等报纸，以及《历史评论》《中国文化研究》等期刊。想快速了解本书的读者，可以略过上篇，直接从下篇开始阅读；想进一步深究的读者，不妨回过头看看上篇。这些文章合起来大概能够代表我最新的观点。

1. 关于"中华"或"中国"。我提出"中华"或"中国"可以区分为文化中国（中华）和政治中国（中华）。政治中国分分合合，而文化中国却始终只有一个且持续稳定发展；文化中国是政治中国分裂时向往统一、统一时维护和强化统一的重要基础。文化中国起源于距今8000多年，形成于距今6000年左右；政治中国起源于距今4700多年，形成于距今4000年左右。

2. 关于"文明"和"中华文明"。我认为"文明"是进入国家阶段的包含物质、精神和制度创造的综合文化实体。中华文明探源研究，不能仅做中华文明起源、形成和早期发展过程的研究，还应当包括对各阶段中华文明体的范围、结构、特质，以及物质文化、精神文化、制度文化创造等的研究。

3. 关于中华文明的起源、形成和早期发展进程。这是三个阶段，不能混为一谈。我认为距今8000多年进入中华文明起源的第一阶段，距今6000年左右进入中华文明起源的第二阶段，距今约5100年中华文明正式形成并进入"古国"时代，距今约4000年进入"王国"时代。

4. 关于中华文明的格局。我认为早期中华文明是"一元多支一体"格局；8000多年前已出现"一元"宇宙观，具有"多支"文化系统；6000年前形成文化上的"一体"；4000年前进入夏代初步形成政治上的"一统"。

5. 关于中华文明的特性。我认为中华文明多个方面的突出特性都可以追溯到8000多年前，其核心是"敬天法祖"观念。

6. 关于中华文明和古史传说。考古发现不断证明，文献记载和传说中的"三皇五帝"时代有真实历史背景。我认为距今8000多年中华文明起源之初大致对应伏羲女娲时期,距今7000～4700年的仰韶文化时期大致对应黄帝炎帝部族发展壮大期,距今4700多年进入轩辕黄帝期,约4000年前进入夏代。

7.关于中华文明和亚欧大陆其他文明。中华文明和古埃及文明、古西亚文明一样,是亚欧大陆三大原生文明之一。几大原生文明起源、形成和早期发展的节奏基本相同,既有诸多共性,也各有特点,彼此之间从距今五六千年以来就存在交流。

以上观点可能还很不成熟,或者存在不少谬误,提出来请大家批评。

在文物出版社的热情支持和责任编辑彭家宇的细心编辑下,本书得以顺利出版,在此谨表感谢!

韩建業

2023 年 12 月 12 日于北京

目 录

上 篇

下 篇

上篇

中华文明的形成

中华文明探源研究中需要深入讨论的一些关键概念

从20世纪80年代至今，中国学术界尤其是考古学界对中华文明探源研究的热情越来越高，很多关键性遗址被发现、发掘和解读，已经在中华文明起源、形成和早期发展的历史脉络，中华文明的特点及其形成原因等方面，形成了较为清晰的认识。但不可否认，目前取得的成果还是初步的，还存在许多不足，尤其是在文明探源理论建设和中外文明比较研究方面有明显差距，集中体现在对一些关键概念的认识比较模糊，有必要加以深入讨论。

一、文明和国家

"其德刚健而文明"（《周易·大有·象》），"见龙在田，天下文明"（《易·乾·文言》），《周易》传中的"文明"一词，指的是人在道德修养、社会在礼仪制度方面所达到的很高的一种程度[1]。现代所说"文明"（Civilization）则有多种含义：第一种是指人类社会发展的高级阶段——文明时代[2]；第二种是指一套长久传承的伟大文化传统[3]，或一个最

1　冯时：《文明以止：上古的天文、思想与制度》，中国社会科学出版社，2018年，《自序》第2~7页。

2　[美]路易斯·亨利·摩尔根著，杨东莼等译：《古代社会》，中央编译出版社，2007年；易建

广泛的文化实体[4]；第三种是指人类所创造的物质、精神和制度文化的总合[5]。"国家"一词在周代指诸侯国等，现代所说"国家"也有不同含义，恩格斯认为政治学上的"国家"（State）是阶级对立的产物，"本质上都是镇压被压迫被剥削阶级的机器"[6]。

可见只有"文明"的第一种含义才和政治学上的"国家"相近。这个意义上的"文明"，更确切的称谓其实应该是"文明社会"。恩格斯说"国家是文明社会的概括"，是将"国家"基本对等于"文明社会"（Civilized Society）而非"文明"。中华文明、两河文明、古埃及文明等语境下的"文明"，指的都是长期延续的综合文化实体，并非三个政治意义上的"国家"或者"文明社会"。当然，这样的综合文化实体总有一个起源形成的过程，一般认为只有进入国家阶段以后才能被称为"文明"，因此，有学者将"文明"定义为"在国家管理下创造出的物质财富、精神财富的总和"[7]，我们也可称其为进入国家阶段的包含物质、精神和制度创造的综合文化实体。

在近半个世纪的探源研究中，多数中国学者将"中华文明"或"中国文明"中的"文明"基本对等于国家[8]，将中华文明起源研究基本当成了现

平：《摩尔根多重意义下的"文明"及其与"国家"的关系》，《中国社会科学》2023年第6期。

3 ［法］费尔南·布罗代尔著，常绍民等译：《文明史：人类五千年文明的传承与交流》，中信出版社，2014年，第68页。

4 ［美］塞缪尔·亨廷顿著，周琪等译：《文明的冲突与世界秩序的重建》，新华出版社，2010年，第21页。

5 林剑鸣：《如何理解"文明"这个概念》，《人文杂志》1984年第4期；严文明：《文明起源研究的回顾与思考》，《文物》1999年第10期。

6 ［德］弗里德里希·恩格斯：《家庭、私有制和国家的起源》，《马克思恩格斯全集（第2版）》（第21卷），人民出版社，2021年，第194、200页。

7 王巍：《对中华文明起源研究有关概念的理解》，《史学月刊》2008年第1期。

8 夏鼐：《中国文明的起源》，文物出版社，1985年，第81页；苏秉琦：《在中国文明起源研讨会上的讲话》，《华人·龙的传人·中国人——考古寻根记》，辽宁大学出版社，1994年，第128页；易建平：《从词源角度看"文明"与"国家"》，《历史研究》2010年第6期。

代中国境内早期国家的起源研究，而未对"文明"和"国家"在不同语境下的差异给予必要的关注，未对"中华文明"的概念进行深究。中华文明是指中华民族所拥有的进入国家阶段的包含物质、精神和制度创造的综合文化实体，中华文明探源研究，不仅指对中华文明起源、形成和早期发展过程的研究，理应还包括对各阶段中华文明体的范围、结构、特质，以及物质文化、精神文化、制度文化创造等的研究。

如果我们承认中华文明是中华民族所创造的伟大文化实体，承认中华文明只有一个，那么以地域或者遗址命名的形形色色的所谓"文明"，如"红山文明""良渚文明""三星堆文明"等，就都显得很是随意和经不起推敲了。那些只是中华文明的组成部分，可称其为某文化，或某"古国"，或某早期国家，或某区域文明，但绝不应该直接称其为"文明"。即便是城邦制的希腊文明下面也没有雅典文明、斯巴达文明一类的称谓，何况是有着"一体"格局的中华文明。

二、酋邦和古国

"酋邦"（Chiefdom）是埃尔曼·塞维斯提出的概念，他将历史上人类社会组织分为由简单到复杂的四种类型，即游团—部落—酋邦—国家，"酋邦"比部落人口更多，组织更为复杂严密，存在经济、社会和祭祀活动中心[9]，有着贵族统治性质的集权趋势和世袭的等级地位排序，但没有武力压迫的正式法定机构[10]。"古国"是苏秉琦提出的概念，他说"古国指高于氏族部落的、稳定的、独立的政治实体"[11]，将辽西地区古代国家

9　E. R. Service. *Primitive Social Organization: A Evolutionary Perspective.* New York: Random House, 1962：153.

10　[美]埃尔曼·塞维斯著，龚辛等译：《国家与文明的起源》，上海古籍出版社，2019年，第15页。

11　苏秉琦：《辽西古文化古城古国——兼谈当前田野考古工作的重点或大课题》，《文物》1986年第8期。

社会演进分为古国—方国—帝国三个阶段，认为红山文化后期的 5000 年前进入 "古国" 阶段，完成了由氏族向国家的转变；4000 年前的夏家店下层文化社会发展为可与夏王国为伍的 "方国" [12]。后来严文明着眼于全国，将这个三阶段修正为古国—王国—帝国 [13]，张忠培称之为神王之国（方国）—王国—帝国 [14]，王震中称之为邦国—王国—帝国 [15]。

张光直 1983 年就将 "酋邦" 概念介绍到中国，认为中国和世界上其他地区一样，也经历了 "酋邦" 阶段，龙山时代不少区域属于酋邦社会 [16]。谢维扬、陈淳、沈长云等都有类似观点，谢维扬认为中国传说时代的黄、炎、尧、舜、禹时期和夏代之前的牛河梁、良渚、陶寺等都属于酋邦 [17]。陈淳认为中国新石器时代晚期存在很多酋邦，甚至商代的 "方国" 仍是酋邦 [18]。沈长云认为酋邦理论是对马克思主义国家起源理论的补充与完善，中国前国家社会即夏以前的社会状况可以用酋邦理论加以说明 [19]。王震中则认为中心聚落、原始宗邑和酋邦三者在外在特征和内在功能上具有一致性 [20]。但总体来说，"酋邦" 理论在中国尤其是考古学界并未得到很好推广，不少学者认为这一理论不太适合中国的具体情况，且西方学者对 "酋邦" 概念本身存在争议，该概念并未充分融汇历史学与考古学的材料及成果 [21]，在考古学实践

12 苏秉琦：《迎接中国考古学的新世纪》，《华人·龙的传人·中国人——考古寻根记》，辽宁大学出版社，1994 年。

13 严文明：《黄河流域文明的发祥与发展》，《华夏考古》1997 年第 1 期。

14 张忠培：《中国古代的文化与文明》，《考古与文物》2001 年第 1 期；张忠培：《文化·人物·考古——贺宿白先生九十华诞》，《中国国家博物馆馆刊》2012 年第 3 期。

15 王震中：《邦国、王国与帝国：先秦国家形态的演进》，《河南大学学报》2003 年第 4 期。

16 张光直：《中国青铜时代》，生活·读书·新知三联书店，1983 年，第 24 页。

17 谢维扬：《中国早期国家》，浙江人民出版社，1995 年，第 171～313 页。

18 陈淳：《酋邦的考古学观察》，《文物》1998 年第 7 期。

19 沈长云：《酋邦理论与中国古代国家起源及形成问题研究》，《天津社会科学》2006 年第 3 期。

20 王震中：《中心聚落形态、原始宗邑与酋邦社会的整合研究》，《中原文化研究》2014 年第 4 期。

21 刘恒武、刘莉：《论西方新进化论之酋邦概念及其理论困境》，《社会科学战线》2010 年第 7 期。

中难以具体落实。

"古国"概念则正好相反，自提出以后在中国考古学界产生了很大影响，不但大量考古学论著中频繁使用这个概念，而且很多学者还结合考古发现，对这个概念进行了专门的讨论[22]。讨论的结果是形成了至少三种不同的意见：第一种认为"古国"对应早期国家的初期[23]，第二种认为"古国"指前国家阶段[24]，第三种认为"古国"可同时涵盖前国家和早期国家，并将其细分为三段[25]。这些分歧一定程度上可能与"古国"概念本身内涵不够明确、外延不够清晰有关[26]。

可以看出，"酋邦"和"古国"都是关于古代社会发展阶段的概念，都有一套理论。游团—部落—酋邦—国家的理论，对国家之前诸阶段

22 林沄：《中国考古学中"古国""方国""王国"的理论与方法问题》，《中原文化研究》2016年第2期。

23 苏秉琦本人在不同阶段对"古国"的表述虽然不完全一致，但最终还是认为"古国"是已经初步进入了国家阶段的："与古国是原始的国家相比，方国已经是比较成熟、比较发达、高级的国家"（苏秉琦：《中国文明起源新探》，生活·读书·新知三联书店，1999年，第145页）。严文明也认为广义龙山时代（约公元前3000年开始）可称原始国家或古国，但又说其对应酋邦阶段（严文明：《黄河流域文明的发祥与发展》，《华夏考古》1997年第1期；严文明：《重建早期中国的历史》，《早期中国——中华文明起源》，文物出版社，2009年）。

24 李伯谦基本将"古国"对应于"酋邦"，认为良渚文化已经进入"王国"阶段。但他又说"'古国'阶段大体处在公元前3500年至公元前2500年"，下限早已进入良渚文化早期（李伯谦：《从中国文明化历程研究看国家起源的若干理论问题》，《中原文化研究》2016年第1期）。何努明确认为"古国"属于部落之后国家之前的阶段（何努：《关于"古国"定义的理论思考》，《文物春秋》2021年第3期）。

25 中华文明探源工程第1至4期的研究，将"古国时代"划分为三阶段，约距今5800~5000年为第一阶段，约距今5000~4300年为第二阶段，约距今4300~3800年为第三阶段，从二里头文化进入"王国时代"（赵辉：《"古国时代"》，《华夏考古》2020年第6期；王巍、赵辉：《"中华文明探源工程"及其主要收获》，《中国史研究》2022年第4期）。中华文明探源工程第5期公布的阶段性成果与其类似，只是将第一、二阶段的分界线确定在距今5200年左右。

26 易建平：《中国古代社会演进三历程理论析论》，《中国社会科学》2020年第11期。

有更为清晰的划分，在世界范围有广泛应用；而古国—王国—帝国理论对进入国家后的阶段划分更细，对国家之前的讨论比较笼统，且到目前为止仅考虑了中国的情况。有人认为前者是客位视角，后者是主位视角，两种理论所代表的研究路径可以相互补充，但不能相互替代[27]。不过既然都是对古代社会发展阶段的概括，无论如何都回避不了将二者进行比较对应的问题。

在"酋邦"理论中，不管是将"酋邦"整体看待，还是划分为早、晚期，它都是早于国家而又最接近国家的一个概念。而"古国"则不然，它理当比"酋邦"更进一步，对应早期国家的初期。从现代语义上，将"古国"解释为"早期国家"比解释为前国家更加容易理解。如果非要从"古国"的古意上论，那么《史记·五帝本纪》提到的最早的"万国"（古国）当在距今 4700 多年的轩辕黄帝时期，而距今 5000 年左右早已进入早期国家阶段[28]。《左传·哀公七年》所记载的禹会诸侯于涂山的"天下万国"，是在距今 4000 年左右的夏朝建立前夕，进入夏朝已是"王国"时代了。

至于"古国"前最接近国家的阶段在中国叫什么合适，还可以进一步讨论。距今 5800 年左右中国黄河、长江和西辽河流域出现了一些数十万平方米以上的中心聚落，灵宝西坡遗址已有宫殿式房屋，牛河梁遗址已开始建"女神庙"，泰安大汶口遗址和张家港东山村遗址已有大墓。距今 5500 年左右，含山凌家滩遗址已有随葬大量玉器的豪华大墓，京山屈家岭遗址已有水坝和轮制黑陶。这些都反映当时社会的急剧复杂化，但每个中心聚落所能控制的空间还很有限，尚未有王权和地缘关系出现的证据，所以用"酋邦"来概括这个阶段未尝不可。其实酋邦也好，国家也好，在不同时期不同地区都有多种多样的表现，中国的酋邦有自身特点也合乎情理。如果想用其他概念来指称中国古代早于国家而又最接近国家的这个阶

27 陈胜前：《"古国""酋邦"之争与中国文明起源的研究路径》，《中国社会科学》2023 年第 7 期。

28 韩建业：《中华文明的起源和形成》，《中华民族共同体研究》2022 年第 4 期。

段也没有问题，但用"古国"的不同时段来涵盖酋邦和早期国家两个大的阶段的做法却值得商榷。

此外，考古发现的一些距今5000年左右的关键性遗址，如牛河梁、大地湾、南佐、西坡—北阳平、双槐树、屈家岭、石家河、良渚等，都延续了数百年甚至上千年时间，到底哪个时段属于前国家或者"酋邦"阶段，哪个时段已进入早期国家或者"古国"阶段，这是需要更多聚落遗址的发现、需要做更扎实深入的论证才有可能回答的，不能笼统说某个遗址就是某"古国"或"古国"的某个阶段。

三、文化中国和政治中国

要弄清楚中国的源头或者最早的中国问题，首先得弄清"中国"一词的内涵。中华人民共和国这个语境下的"中国"，是政治意义上的中国；中国（中华）文明、中国（中华）民族这个语境下的"中国"，是文化意义上的中国。政治中国指自古以来囊括现在中国全部或大部疆域在内的统一国家，文化中国则是涵盖中国全部或大部地域的文化共同体，也可称之为"中国文化圈"或"中华文化圈"。

关于最早的文化中国的研究，至少从20世纪八九十年代就开始了。严文明提出中国史前时期就存在一个"重瓣花朵式"的文化格局[29]，张光直提出距今6000年后形成"中国相互作用圈"或"最初的中国"[30]，苏秉琦提出"共识的中国"[31]，都明确将文化中国追溯到史前时期。后来我提

29　严文明：《中国史前文化的统一性与多样性》，《文物》1987年第3期。

30　张光直：《中国相互作用圈与文明的形成》，《庆祝苏秉琦考古五十五年论文集》，文物出版社，1989年，第6页。

31　苏秉琦：《中国文明起源新探》，生活·读书·新知三联书店，1999年，第161~162页。

32　韩建业：《中国北方地区新石器时代文化研究》，文物出版社，2003年，第268页；韩建业：《早期中国——中国文化圈的形成和发展》，上海古籍出版社，2015年。

出文化上的早期中国或早期中国文化圈的概念[32]，考古界还就相关问题展开了讨论[33]。关于最早的政治中国，有西周[34]、夏代晚期的二里头[35]、早于夏代的陶寺[36]等各种不同观点，有人还提出最早中国须从轩辕黄帝算起[37]。

就考古材料看，距今8000多年前的新石器时代中期，中国各区域文化交流加速，在中原地区裴李岗文化的纽带作用下，四个文化系统初步联结为一个相对的文化共同体，从而有了文化中国或者中国文化圈的起源[38]。距今6000年前后的新石器时代晚期，中原核心区的仰韶文化东庄—庙底沟类型从晋南—豫西—关中东部核心区向外强力影响，由此造成黄河上中游地区仰韶文化面貌空前一致的现象，而庙底沟式的花瓣纹彩陶则流播至中国大部地区，中国大部地区文化交融成一个以中原为中心的三层次的超级文化圈，最早的文化中国或"早期中国文化圈"正式形成[39]。

特别需要指出的是，中原核心区的对外强烈影响开始于距今6000年前的东庄类型时期，当时东庄类型往北已向晋中北、内蒙古中南部等广大地区移民，往南影响到湖北北部，往东影响到海岱地区；庙底沟类型早期的约距今6000～5800年继续扩大其影响的程度和范围。周围各地社会复杂化程度的加剧很可能与来自东庄—庙底沟类型的激励有关[40]。约距今

33 张致政、程鹏飞、褚旭等：《文化上"早期中国"的形成和发展学术研讨会纪要》，《南方文物》2011年第4期；李新伟：《"最初的中国"之考古学认定》，《考古》2016年第3期；徐良高、周广明：《当代民族国家史的构建与"最早的中国"之说》，《南方文物》2016年第4期；张国硕：《也谈"最早的中国"》，《中原文物》2019年第5期。

34 李零：《禹步探原——从"大禹治水"想起的》，《书城》2005年第3期。

35 许宏：《最早的中国》，科学出版社，2009年，第226～229页；杜金鹏：《"最早中国"之我见》，《南方文物》2019年第6期。

36 何驽：《最初"中国"的考古探索简析》，《早期中国研究（第1辑）》，文物出版社，2013年。

37 孙庆伟：《"最早的中国"新解》，《中原文物》2019年第5期。

38 韩建业：《裴李岗文化的迁徙影响与早期中国文化圈的雏形》，《中原文物》2009年第2期。

39 韩建业：《庙底沟时代与"早期中国"》，《考古》2012年第3期。

40 韩建业：《早期中国——中国文化圈的形成和发展》，上海古籍出版社，2015年，第83～99页。

5800年以后，周围各地社会的实力都有所增强并出现多个中心聚落，中原核心区的对外影响自当显著减弱；约距今5500年以后中原核心区和周围各地酋邦社会大概已经是分庭抗礼的局面。

政治中国则不一样，它的形成不但必须进入国家阶段，而且必须以出现统治中国大部地区的国家政权为前提。距今5100年左右进入铜石并用时代，出现良渚和南佐两处600多万平方米的大型都邑及其大规模宫殿建筑、水利设施等，表明当时中国已经诞生早期国家，但这些早期国家还限制在黄土高原和太湖周围这样的局部地区，只是拥有区域王权的"古国"或"邦国"。距今4700多年黄土高原文化向高原以东地区强烈影响，至少黄河流域可能一度实现以黄土高原为中心的最初的"一统"，很可能对应传说中轩辕黄帝击杀蚩尤的"涿鹿之战"[41]，因此，政治中国的起源当在距今4700多年的庙底沟二期之初或者传说中的轩辕黄帝之时。约距今4100年进入龙山后期，中原龙山文化大规模南下豫南和江汉两湖地区，对应"禹征三苗"事件[42]，由此长江流域就被纳入夏朝版图，《尚书·禹贡》的"九州"很可能有真实历史背景[43]。可见夏朝初年夏王已经初步具有"王天下"的"一统"政治王权[44]，最早的政治中国正式形成。此后的商、周王朝使早期政治中国得到进一步发展。需要强调的是，"一体"和"一统"两个概念，前者指文化上的共同体，对应文化中国、中华文明或中华民族；

---

41 韩建业：《中国北方早期石城兴起的历史背景——涿鹿之战再探索》，《考古与文物》2022年第2期。

42 杨新改、韩建业：《禹征三苗探索》，《中原文物》1995年第2期。

43 韩建业：《龙山时代的文化巨变和传说时代的部族战争》，《社会科学》2020年第1期；韩建业：《从考古发现看夏朝初年的疆域》，《中华读书报》2021年6月30日。

44 王震中所说夏商周时期的"复合制王朝国家"，实质就是"大一统"政治中国的早期阶段。王震中：《夏代"复合型"国家形态简论》，《文史哲》2010年第1期；王震中：《中国王权的诞生——兼论王权与夏商西周复合制国家结构之关系》，《中国社会科学》2016年第6期。

45 《春秋公羊传·隐公元年》有明确的西周"大一统"思想："春，王正月。何言乎王正月？大后者指对中国大部地区的政治统治，对应政治中国[45]。二者不应混同。

四、一元和多元

"元"本意为人首[46]，引申为肇始本原[47]，因此"一元"抑或"多元"，实际是早期文化中国、早期中华文明或者早期中华民族有一个根本还是多个根本的问题。

古史传说中的中华历史的开端是"三皇五帝"，这基本属于"一元"观念体系。近代的疑古运动则致力于打破"一元"，顾颉刚1923年就号召"打破民族出于一元的观念"[48]。相对比较信古的学者也多放弃了"一元"说，如蒙文通和徐旭生的"三大民族"或"三大集团"说[49]。不过1935年傅斯年发表《中华民族是整个的》[50]，1939年顾颉刚发表《中华民族是一个》[51]，似乎又是"一元"论。考古学上20世纪前期有仰韶、龙山西东"二元"说，五六十年代有"中原中心"的"一元"说。20世纪七八十年代苏秉琦提出"区系类型"说[52]，后又提倡文明起源的"满天星斗"说[53]，都属于"多元"说。1989年费孝通明确提出中华民族"多元一体"格局说，

一统也。"《史记·五帝本纪》则有轩辕黄帝"大一统"观念。

46　《尔雅·释诂下》："元、良，首也。"

47　《周易·乾·彖》："大哉乾元，万物资始，乃统天。"《尔雅·释诂上》："初、哉、首、基、肇、祖、元、胎、俶、落、权舆，始也。"《说文·一部》："元，始也。"

48　顾颉刚：《答刘胡两先生书》，《古史辨（一）》，上海古籍出版社，1982年。

49　蒙文通：《古史甄微》，巴蜀书社，1999年；徐旭生：《中国古史的传说时代》（增订本），文物出版社，1985年。

50　孟真：《中华民族是整个的》，《独立评论》1935年12月。

51　顾颉刚：《中华民族是一个》，《益世报（昆明版）》1939年2月13日。

52　苏秉琦、殷玮璋：《关于考古学文化的区系类型问题》，《文物》1981年第5期。

53　苏秉琦：《中国文明起源新探》，生活·读书·新知三联书店，1999年，第107～127页。

影响巨大。他以旧石器时代多地发现古人类遗存、新石器时代有多个文化区为由，认定中华民族在源头上就是"多元"的[54]。1995年石兴邦则提出"中国文化是一元而非多元，是一元多支或一元多系"[55]。

如果将"元"理解为族群或者考古学文化，"多元"说自然是成立的。早期中华民族共同体由多个族群组成，史前的考古学文化有多个样貌，这都是不争的事实。但"元"的本意既然是根本，最根本的就应当是能够长久传承的核心思想观念以及文化基因，而非易变的物质文化和族群等。从思想观念和文化基因的角度看，早期文化中国、早期中华文明或早期中华民族实际是"一元"。因为根据考古发现，距今8000年左右在中国大部地区已经有了共同的以"敬天法祖"为核心的思想观念，已形成共有的文化基因[56]。

正因为中华文明起源阶段就有"一元"观念，才决定了后世中国文化上趋于"一体"、政治上趋于"一统"。这是中华文明和世界上其他文明的最本质差异，是中华文明数千年连续发展至今的根本原因。仅以交流交往难以彻底解释文化中国、中华文明或者中华民族的"一体"性，因为文化交流和族群交往是世界范围的普遍现象，但唯独中国有着强烈的"一体""一统"观念和历史实践。

五、余论

还有其他很多概念也是需要深究的。比如"考古学文化"和"族群""社会""国家"等的关系就很复杂，他们往往彼此有密切关系但并不

54 费孝通：《中华民族的多元一体格局》，《北京大学学报（哲学社会科学版）》1989年第4期。

55 石兴邦：《炎黄文化研究及有关问题》，《炎帝与民族复兴》，陕西人民出版社，2006年。

56 韩建业：《论早期中国的"一元多支一体"格局》，《社会科学》2022年第8期；韩建业：《从考古发现看八千年以来早期中国的文化基因》，《光明日报》2020年11月4日。

是一回事。一个考古学文化可能大致对应一个早期国家，也可能包含多个；一个国家也可能涵盖多个考古学文化的范围。考古学上对考古学文化和早期国家的研究方法有根本区别，对早期国家的研究需要从聚落形态入手，辅之以政治礼仪象征物和文献记载（古史传说），而不能以考古学文化范围简单去界定早期国家的边界。再比如恩格斯提出的国家的标志，一是"按地区来划分它的国民"，就是主要根据地缘关系而非血缘关系来组织社会；二是"公共权力的设立"，集中体现在凌驾于社会之上的"王权"方面。不少人认为中国和西方不一样，中国的早期国家是建立在血缘关系基础上。但实际上无论是距今5000年前的良渚古国、南佐古国，还是距今4000年以后的夏商周王国，都是存在地缘关系的，只不过这是一种建立在血缘关系基础上的地缘关系组织。还有就是古国君主或王国天子都是兼有"王权"和"神权"的，"神权"强化"王权"，"王权"保障"神权"。在考古学上强行区分"王权"和"神权"其实有很大难度。

　　总之，弄清概念是学术研究的前提，何况上述概念基本都不属于考古学范畴，只是在考古学研究中被借用。对这些源自政治学、人类学、历史学等领域的概念的理解，以及相关的中华文明探源的研究，必须以考古学和各人文社会科学的密切结合作为前提。

中华文明的起源和形成

　　中华文明以其伟大、古老和延续至今而著名于世。她起源、形成于何时何地，有何特征特质和长存之道？是值得永远追问的重大问题。

一、文明、文明社会、中华文明

　　"濬哲文明"（《尚书·舜典》），"其德刚健而文明"（《周易·大有·象》），"见龙在田，天下文明"（《易·乾·文言》），周代文献中的"文明"，指"人类以修养文德而彰明，而社会则得有制度的建设和礼仪的完善而彰明"[1]。而现在中文使用的"文明"一词，多指对西文词汇"Civilization"等的意译，有广义和狭义之分[2]，广义上或将其理解为一整套长久传承下来的伟大文化传统[3]，或理解为人类所创造的物质财富和精神财富的总合[4]，狭义上一般将其解释为与"野蛮"相对的高级社会阶段或国家阶段。也有综合性的理解，认为文明是"在国家管理下创造出的物

1　冯时：《文明以止：上古的天文、思想与制度》，中国社会科学出版社，2018年，《自序》第2～7页。

2　童恩正：《有关文明起源的几个问题——与安志敏先生商榷》，《考古》1989年第1期。

3　[法]费尔南·布罗代尔著，常绍民等译：《文明史：人类五千年文明的传承与交流》，中信出版社，2014年，第68页；[美]塞缪尔·亨廷顿著，周琪等译：《文明的冲突与世界秩序的重建》，新华出版社，2010年，第21页。

4　林剑鸣：《如何理解"文明"这个概念》，《人文杂志》1984年第4期。

质财富、精神财富的总和。"[5]

有必要对"文明""文明社会""国家"几个概念加以区分。恩格斯说"国家是文明社会的概括"[6]，是将"国家"基本对等于"文明社会"而非"文明"。中华文明、两河文明、古埃及文明，都是延续3000年以上的原生文明，而非三个狭义的"国家"或者"文明社会"。严文明指出，"中国古代文明的内容非常丰富，包括物质文明、制度文明和精神文明等诸多方面。"[7]我们不妨将"文明"定义为高度发达、长期延续的物质、精神和制度创造的综合实体：人类的物质、精神和制度创造虽有长期的孕育和成长过程，但至国家阶段才够得上高度发达；高度发达的综合实体，理当拥有足够的文化传承和社会长治的智慧经验，更有可能长期延续。而中华文明，就是以华人为核心的中华民族所创造的文明，或者中华民族所拥有的高度发达、长期延续的物质、精神和制度创造的综合实体，一定程度上对应于进入国家阶段的"中国文化圈"或者"文化上的中国"[8]。

中华文明源自"三皇五帝"，基于中华大地，这是中国古代的基本认识。但近几百年以来，情势大变，先是西方学者杜撰出"中国文化西来说"，后有中国学者发起疑古运动，内外夹击，中国传统的古史体系一度摇摇欲坠。探索中华文明起源，或者复原实证中国古史的重任，就这样历史性地主要落在了中国近现代考古学的身上。从文化源头角度溯源中华文明的尝试，自1921年中国近现代考古学诞生之日就已开始[9]，20世纪80年代以后，已能明确认识到中华文明是土生土长的文明[10]，有着遥远坚实

5　王巍：《对中华文明起源研究有关概念的理解》，《史学月刊》2008年第1期。

6　[德]弗里德里希·恩格斯：《家庭、私有制和国家的起源》，人民出版社，1999年，第183页。

7　严文明：《文明起源研究的回顾与思考》，《文物》1999年第10期。

8　韩建业：《早期中国——中国文化圈的形成和发展》，上海古籍出版社，2015年，第45～46页。

9　[瑞典]安特生著，袁复礼译：《中华远古之文化》，《地质汇报》第五号，第1册，北京京华印书局，1923年。

10　夏鼐：《中国文明的起源》，《夏鼐文集（上册）》，社会科学文献出版社，2000年，第413页。

的史前基础[11]。从国家起源角度探索中华文明，则始于对殷墟的发掘，20世纪70年代末期以后形成了起源于4000年前[12]、5000年前[13]、5500年前[14]、5800年前[15]、6000年前[16]、8000年前[17]等不同观点。甚至有学者认为"中国有着至少八千年未曾中断的文明史"[18]。

实际上不少人混淆了文明化进程中"起源"和"形成"这样两个阶段。从中华大地上最早出现早期国家实体开始，中华文明就正式形成，而之前还当有长期的起源过程。本文拟主要从考古学角度，简略梳理中华文明的起源、形成和早期发展过程，并论及中华文明的特征和模式问题。

二、中华文明起源的第一阶段

中华大地上最早的人类已有大约200万年的历史，后来不断演化并最终与西来的尼安德特人和早期现代人相融合，形成中华民族的先祖[19]。距今2万年左右末次盛冰期的极端干冷气候，造成严重的食物匮乏，促进了

11　严文明：《中国史前文化的统一性与多样性》，《文物》1987年第3期；张光直：《中国相互作用圈与文明的形成》，《庆祝苏秉琦考古五十五年论文集》，文物出版社，1989年。

12　夏鼐：《中国文明的起源》，文物出版社，1985年，第80页。

13　苏秉琦：《辽西古文化古城古国——兼谈当前田野考古工作的重点或大课题》，《文物》1986年第8期。

14　严文明：《中国新石器时代聚落形态的考察》，《庆祝苏秉琦考古五十五年论文集》，文物出版社，1989年；严文明：《略论中国文明的起源》，《文物》1992年第1期。

15　这是2018年发布的"中华文明探源工程"的研究结论。《中华文明起源图谱初现》，《人民日报（海外版）》2018年5月29日，第7版。

16　苏秉琦：《迎接中国考古学的新世纪》，《华人·龙的传人·中国人——考古寻根记》，辽宁大学出版社，1994年，第238页。

17　苏秉琦：《文明发端 玉龙故乡——谈查海遗址》，《华人·龙的传人·中国人——考古寻根记》，辽宁大学出版社，1994年，第127页。

18　冯时：《文明以止：上古的天文、思想与制度》，中国社会科学出版社，2018年，《自序》第1页。

19　吴新智：《从中国晚期智人颅牙特征看中国现代人起源》，《人类学学报》1998年第17卷第4

食物攫取的多样化趋势，禾本科植物的种子被人们采集食用，最早的作物栽培在此背景下逐渐登场，炊煮谷物等的陶器最早在中国应时而生。距今1万多年以后的新石器时代早期，稻作和粟作农业在南、北方分别起源，距今8000年前后的新石器时代中期"南稻北粟"二元农业体系初步形成，距今6000年前后的新石器时代晚期南、北方都已是典型的农业社会，农业在生业经济中开始占据主体[20]。中国有着广大的适合发展农业的地理空间和自然环境，加上其特有的二元农业体系，能够最大程度保障食物供给的稳定性，奠定了中华文明起源和形成的坚实基础。

距今8000多年前中国大部地区的考古学遗存，可根据陶器等物质文化的差异性分为四个文化系统，黄河、长江和西辽河流域的重要地位已经初次凸显出来。其中黄河中游地区属于"深腹罐—双耳壶—钵文化系统"的裴李岗文化，位置居中、实力强劲，和周围地区发生交流并对外施加影响，将四大文化系统初步联结为一个雏形的"早期中国文化圈"，从而有了文化上"早期中国"的萌芽[21]。

裴李岗时代在浙江义乌桥头（图1）和萧山跨湖桥（图2）、河南舞阳贾湖（图3）、陕西临潼白家、甘肃秦安大地湾（图4）等遗址，发现带有特殊符号的彩陶、龟甲、骨角木器，以及装有石子的龟甲，意味着"八卦"类数卜数理以及原始字符的诞生。贾湖的骨质"规矩"（图5），湖南洪江高庙遗址陶器上的八角星圆形复合纹（图6），可能与观象授时和"天圆地方"宇宙观的形成有关[22]。高庙遗址的"天梯"或"通天神庙"遗迹，

期；高星：《中国地区现代人起源研究的考古学进展》，《早期中国研究（第4辑）》，上海古籍出版社，2021年。

20　赵志军：《新石器时代植物考古与农业起源研究》，《中国农史》2020年第3期；赵志军：《新石器时代植物考古与农业起源研究（续）》，《中国农史》2020年第4期。

21　韩建业：《裴李岗文化的迁徙影响与早期中国文化圈的雏形》，《中原文物》2009年第2期。

22　贺刚：《湘西史前遗存与中国古史传说》，岳麓书社，2013年，第342～344页；韩建业：《裴李岗时代与中国文明起源》，《江汉考古》2021年第1期。

图1

白陶等上面的"天梯"、飞龙、飞凤图案（图
7），显示当已出现祀天行为和敬天观念[23]。更
为重要的是，在和高庙相距遥远的西辽河流
域，同时出现了大口獠牙的"见首不见尾"的
龙形象[24]（图8），暗示早在七八千年前中国
大江南北已出现"一元"宇宙观。

黄河流域的裴李岗文化、白家文化、后李
文化等已出现"族葬"墓地，这在同时期的欧
亚大陆其他地区罕见。这些墓葬土葬深埋、装
殓齐整、随葬物品，存在墓祭，体现出对死者
特别的关爱和敬重，已出现显著的祖先崇拜观
念。同一墓地或分区分群，或成排成列，有一
定空间秩序，可能体现同一氏族（宗族）的人

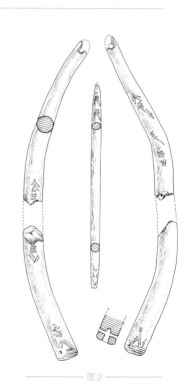

图2

23　贺刚：《湘西史前遗存与中国古史传说》，岳麓书社，2013年，第345～350页；韩建业：《中国新石器时代的祀天遗存和敬天观念——以高庙、牛河梁、凌家滩遗址为中心》，《江汉考古》2021年第6期。

24　滕铭予、吉迪、苏军强等：《2015年辽宁省阜新蒙古族自治县塔尺营子遗址试掘报告》，《边疆考古研究》（第25辑），科学出版社，2019年。

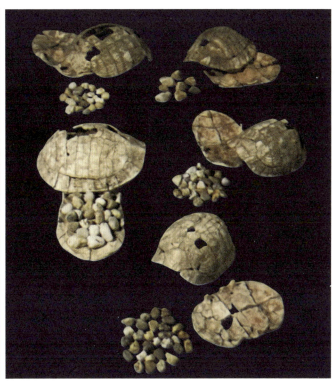

图 3

图 4

图 1　桥头遗址彩陶八卦符号

图 2　跨湖桥遗址的骨签（两侧，正反面）、木签（中间）

图 3　贾湖墓葬随葬的含石子龟甲及刻符

图 4　大地湾遗址彩陶符号

———— 图 5 ————   ———— 图 6 ————

群在亲疏关系、辈分大小等方面的秩序。同一墓地延续一二百年甚至数百年之久，说明族人对远祖的栖息地有着长久的记忆和坚守，可能也为后世子孙在这块地方长期耕种生活提供了正当理由和"合法性"。贾湖墓葬已有明显分化，大墓随葬骨"规矩"、龟甲、骨笛（骨律管）等"圣物"，而且墓主人基本都是成年男性，推测当时已出现祭祀首领和普通人之间的分化，可能已经进入到父系氏族社会[25]。

总之，8000年前在黄河中游和西辽河流域出现了秩序井然的社会和一定程度的社会分化，在中国大部地区产生了较为先进复杂的思想观念和知识系统，包括宇宙观、宗教观、伦理观、历史观，以及天文、数

25　韩建业：《裴李岗时代的"族葬"与祖先崇拜》，《华夏考古》2021年第2期。

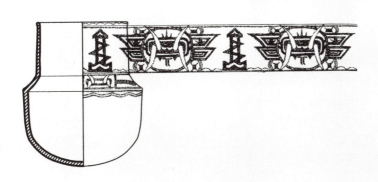
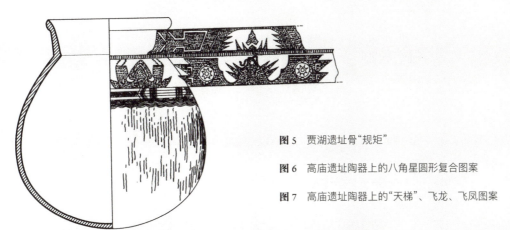

图 5　贾湖遗址骨"规矩"

图 6　高庙遗址陶器上的八角星圆形复合图案

图 7　高庙遗址陶器上的"天梯"、飞龙、飞凤图案

图 7

学、符号、音乐知识等。这些思想观念和知识系统传承至今，构成中华文明的核心内涵。因此，有理由将中华文明起源提前到距今8000年以前，将其作为中华文明起源的第一阶段。

三、中华文明起源的第二阶段

约距今7000年进入新石器时代晚期，中国大部地区整合为三大文化系统。此时出现的许多符号、图案、雕塑，包括仰韶文化半坡类型黑彩带钵上的刻划字符（图9），后冈

图8 塔尺营子遗址石牌上的龙形象

类型的蚌塑龙虎[26]（图10），马家浜文化骨角器上的数字卦象符号[27]，河姆渡文化器物上的双凤托日、双凤托举神面形象[28]（图11），表明已有的宇宙观和知识系统得到继承发展。从仰韶文化半坡类型等凝聚向心的环壕聚落来看，社会秩序更加严整[29]。约距今6200年以后，仰韶文化东庄—庙底沟类型在晋、陕、豫交界区迅猛崛起并对外强力影响，导致中国大部地区文化交融联系形成以中原为核心的三层次的文化共同体，"早期中国文化圈"或者"文化上的早期中国"正式形成[30]。

26 冯时：《河南濮阳西水坡45号墓的天文学研究》，《文物》1990年第3期。

27 南京博物院：《江苏海安青墩遗址》，《考古学报》1983年第2期；张政烺：《试释周初青铜器铭文中的易卦》，《考古学报》1980年第4期。

28 浙江省文物考古研究所：《河姆渡——新石器时代遗址考古发掘报告》，文物出版社，2003年，第47、285页。

29 巩启明、严文明：《从姜寨早期村落布局探讨其居民的社会组织结构》，《考古与文物》1981年第1期。

30 韩建业：《庙底沟时代与"早期中国"》，《考古》2012年第3期。

图 9 仰韶文化半坡类型陶器上的字符

图 10 西水坡遗址蚌塑龙虎形象

图 11　河姆渡遗址象牙雕版和陶盆上的双凤托日、双凤托举神禾神面形象

庙底沟类型的对外影响基于其社会变革所迸发的强大实力。约距今6000年以后，作为核心区的晋南、豫西和关中东部，聚落遗址数量激增三四倍，出现了明显的聚落分化，涌现出数十甚至超百万平方米的大型聚落。房屋建筑也有显著分化，有一种"五边形"的礼仪性建筑，在核心区的灵宝西坡等地面积达200～500平方米[31]，已属殿堂式建筑，在周围地区则渐次缩小，体现出明显的等级差异（图12）。约距今5300年以后，在西坡出现随葬玉钺的大墓[32]，钺当为军权的象征（图13）。在汝州阎村出现"鹳鱼钺图"（图14），可能是一幅鹳（凤）部族战胜鱼（龙）部族的纪念碑性图画[33]，很可能对应庙底沟类型西向扩展而对陕甘地区半坡类型产生深刻影响的事件。同时在中原和黄土高原地区还分别出现100多万平方米的巩义双槐树[34]和秦安大地湾中心聚落[35]，两者都有三门带前厅的殿堂式建筑（图15、16）。

庙底沟时代其他地区也加快了社会变革的步伐。长江下游的凌家滩文化出现100多万平方米的凌家滩中心聚落，有大规模的祭祀遗存和高等级墓葬，最高级别的墓葬有随葬品330件，仅玉器就达200件[36]（图17），富奢程度在同时期无与伦比。随葬品中的"洛书玉版"[37]，被认为蕴含天圆

31 河南省文物考古研究所、中国社会科学院考古研究所河南一队、三门峡市文物考古研究所等：《河南灵宝西坡遗址105号仰韶文化房址》，《文物》2003年第8期；中国社会科学院考古研究所河南一队、河南省文物考古研究所、三门峡市文物考古研究所等：《河南灵宝市西坡遗址发现一座仰韶文化中期特大房址》，《考古》2005年第3期。

32 中国社会科学院考古研究所、河南省文物考古研究所：《灵宝西坡墓地》，文物出版社，2010年。

33 严文明：《〈鹳鱼石斧图〉跋》，《文物》1981年第12期。

34 郑州市文物考古研究院：《河南巩义市双槐树新石器时代遗址》，《考古》2021年第7期。

35 甘肃省文物考古研究所：《秦安大地湾——新石器时代遗址发掘报告》，文物出版社，2006年。

36 安徽省文物考古研究所：《安徽含山县凌家滩遗址第五次发掘的新发现》，《考古》2008年第3期。

37 陈久金、张敬国：《含山出土玉片图形试考》，《文物》1989年第4期。

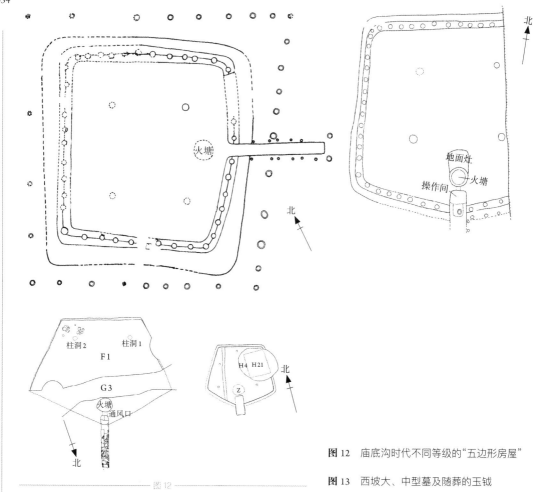

图 12　庙底沟时代不同等级的"五边形房屋"

图 13　西坡大、中型墓及随葬的玉钺

地方、四方五位、八方九宫的宇宙观[38]，和高庙八角星纹一脉相承，加上托举八角星纹和龙的玉鹰（玉凤）、玉龙、玉人、玉石璧（图18），显示凌家滩也应当存在祀大行为。同时或更早时期，在崧泽文化早期、大汶口文化早期都出现大墓（图19），长江中游的油子岭文化则出现多座古城。此外，凌家滩文化、崧泽文化、大汶口文化等的精美玉石器，油子岭文化的精美轮制黑陶（图20），都需要专业工匠才能制作完成。

38　冯时：《中国天文考古学》，社会科学文献出版社，2001年，第370～394页。

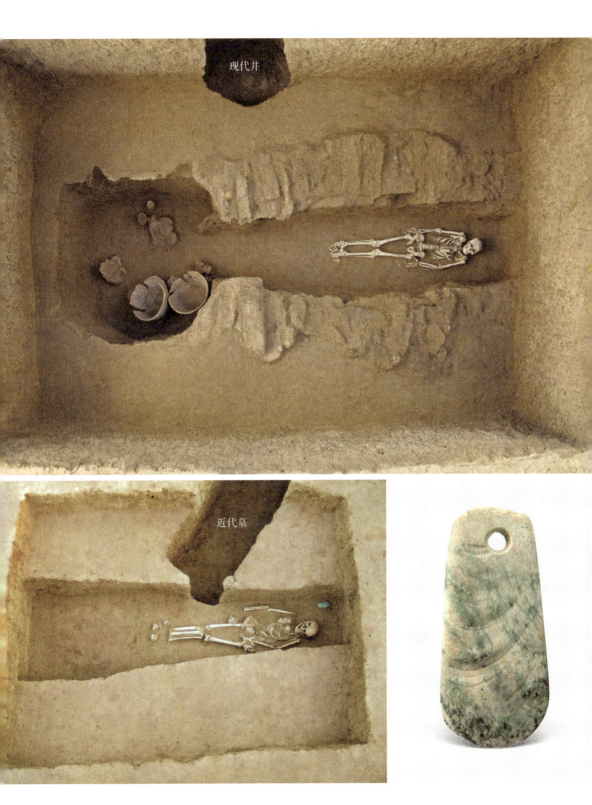

现代井

近代墓

图 13

西辽河流域的红山文化，出现了800多万平方米的超大型祭祀中心——牛河梁遗址，有着规模宏大的"庙、坛、冢"，其中最大的一座圆形三层大坛（圜丘），外层（圈）直径22米，内层（圈）直径11米[39]，和《周髀算经》里《七衡图》所示的外、内衡比值完全相同，被认为是"迄今所见史前时期最完整的盖天宇宙论图解"（图21）[40]。牛河梁的大石冢一般都只随葬数件到20余件祭祀色彩浓厚的玉器，璧、龙、凤、勾云形器等都应该与祀天仪式有

图14　阎村遗址"鹳鱼钺图"

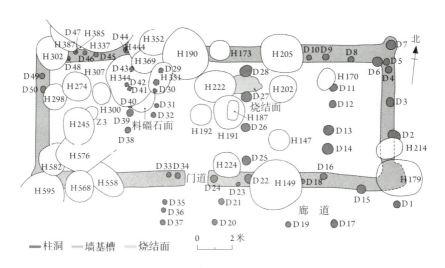

━━柱洞　┉┉墙基槽　▒▒烧结面　　0　　2米

图15　双槐树的殿堂式建筑

39　辽宁省文物考古研究所：《牛河梁——红山文化遗址发掘报告（1983～2003年度）》附图一，文物出版社，2012年。

40　冯时：《红山文化三环石坛的天文学研究——兼论中国最早的圜丘与方丘》，《北方文物》1993年第1期。

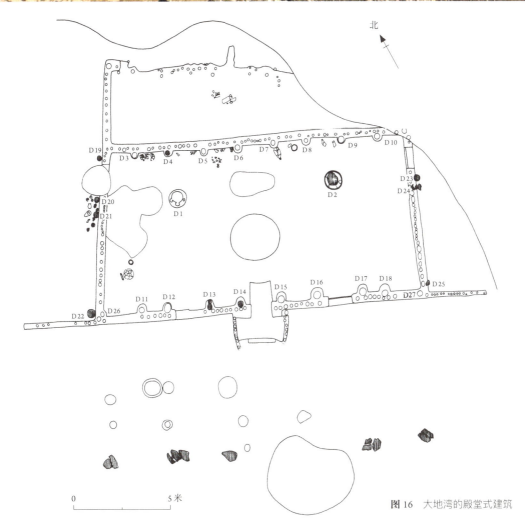

北

D19 D3 D4 D5 D6 D7 D8 D9 D10
D23
D24
D20
D1 D2
D21

D11 D12 D13 D14 D15 D16 D17 D18 D25
D22 D26 D27

0   5米

图16 大地湾的殿堂式建筑

图 17

图 18

北

——— 图 19 ———

图 17 凌家滩大墓（M23）

图 18 凌家滩"洛书玉版"、玉鹰（玉凤）、
玉龙、玉石璧、玉人

图 19 张家港东山村（上）和泰安大汶口
大墓（下）

图 20 屈家岭遗址油子岭文化轮制黑陶

——— 图 20 ———

图 21 牛河梁遗址第二地点的坛冢（中间为祀天圜丘）

关（图22），这些大墓可能是主持祭祀的大巫觋之墓。红山文化精美玉器的制作也当存在专业化。

我们看到，庙底沟时代的黄河、长江和西辽河流域，出现大型聚落、大型祭祀中心，有了大墓、城垣、宫殿式建筑，以及大量美玉、美陶等，其建造或者制造需要较为强大的社会组织能力，需要较高的技术水准，显示已出现掌握一定公共权力的首领和贵族，社会开始了加速复杂化的进程，先前已有的天圆地方、敬天法祖等观念得以延续发展，进入了中华文明起源的第二个阶段。

图22 牛河梁遗址玉人、玉勾云形器、玉凤、玉龙、玉璧

四、中华文明的形成

　　如何才算进入文明时代、文明社会或者国家阶段，有着怎样的标准或者标志？历来争论不已。学术界曾流行过将文字、青铜器、城市等作为文明社会起源的"三要素"或者几要素的认识，但这些物质层面的特征因时因地而异，难以普遍适用。恩格斯则提出国家有两个标志，一是"按地区来划分它的国民"，二是凌驾于所有居民之上的"公共权力的设立"。这样的"软性"标志可通过对各地考古材料的深入分析加以判断，可能更具有普适性。以地区划分国民，就是以地缘关系代替血缘关系；凌驾于社会之上的公共权力，也就是"王权"，建立在阶级分化的基础之上。以上述两个标志来衡量，在距今5100年左右的铜石并用时代之初，长江下游和黄河中游地区至少已经达到了早期国家或文明社会的标准。

　　长江下游的良渚文化以余杭良渚遗址为中心。良渚遗址有近300万平方米的内城、630万平方米的外城，有水坝、长堤、沟壕等大规模水利设施（图23）。内城中部有30万平方米的人工堆筑的"台城"，上有大型宫殿式建筑[41]（图24）。城内有级别很高的反山墓地，发现了随葬600多件玉器的豪华无比的大墓[42]（图25）。在良渚古城周围约50平方千米的区域内，分布着300多处祭坛、墓地、居址、作坊等，可以分成三四个明显的级别[43]。良渚诸多超大规模工程的建造、大量玉器等高规格物品的制造、大量粮食的生产储备，都需调动广大空间范围内的大量人力物力，神徽、鸟纹、龙首形纹的普遍发现可能意味着整个太湖周围良渚文化区已出现统一的权力[44]和高度一致的原始宗教信仰体系，存在一种对整个社会的控制网络[45]。良渚古国无疑存在区域性的"王权"。

黄河中游地区的仰韶文化有不止一个中心，其中黄土高原地区以庆阳南佐遗址为中心。南佐遗址面积至少600万平方米，遗址中部是由两重内环壕和九座夯土台围成的面积30多万平方米的核心区，再中间为有围墙的"宫城"区，中央的夯土墙主殿建筑面积700多平方米、室内面积580平方米，其规模在同时期无出其右（图26）。长方形的夯土"九台"每个底面都有上千平方米，外侧还有宽大峻深且夯筑底壁的环壕。宫城附近出土了和祭祀相关的精美白陶、黑陶、彩陶，以及大量水稻。南佐环壕、宫殿式建筑、"九台"的建造工程浩大，白陶等高规格物品的生产存在专业化分工[46]。调查显示，在南佐遗址周围还存在多个出土白陶等高规格物品的较大聚落，当时在黄土高原可能存在一个以南佐为核心的、拥有区域王

41　浙江省文物考古研究所：《良渚古城综合研究报告》，文物出版社，2019年。

42　浙江省文物考古研究所：《反山》，文物出版社，2003年。

43　张忠培：《良渚文化墓地与其表述的文明社会》，《考古学报》2012年第4期。

44　张弛：《良渚文化大墓试析》，《考古学研究（三）》，科学出版社，1997年。

45　赵辉：《良渚文化的若干特殊性——论一处中国史前文明的衰落原因》，《良渚文化研究——纪念良渚文化发现60周年国际学术讨论会文集》，科学出版社，1999年。

46　韩建业、李小龙、张小宁等：《甘肃庆阳市南佐遗址》，《考古中国重大项目成果（2021）》，文物出版社，2022年。

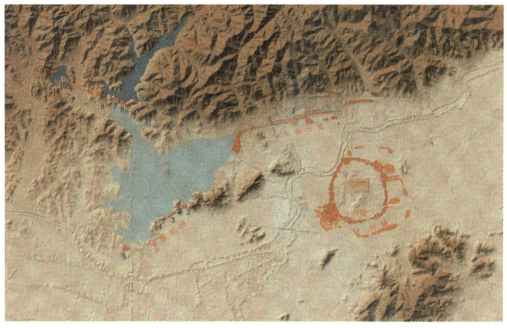

图 23

图 24

图 23　良渚古城及外围水利系统

图 24　良渚莫角山"台城"

中华文明的起源和形成

图25

权的"陇山古国"。此外，上述双槐树中心聚落依然发达，在郑州地区可能存在一个"河洛古国"。

良渚遗址群所在区域之前仅有少量小型的崧泽文化遗址，南佐遗址区之前也仅发现个别小型的庙底沟期遗址，距今5100年左右两地突然涌现出超大型聚落，显然都不是在原有聚落（社会）的基础上自然发展而来。这样大规模的聚落营建，可能需要调动较大空间范围的人力物力，已经打破了原有各氏族社会的局限，一定程度上凸显了地缘关系，意味着早期国家的出现。不过这个时期的地缘关系组织或者早期国家，还主要限制在太湖周围或者黄土高原这样的局部地区，当时的国家形式因此可称之为"古

北

T 3216

T 3217

T 3116

F 14

F 13

T 3117

F 12

空间

F 1

火坛

T 3016 T 3017

T 2916 T 2917

火塘

F 10

火塘 F 8

空间

T 2816

T 2817 T 2818

T 2918 T 2919

T 2819

H 14

H 10

H 11 H 15 H 22

H 21

H 20

H 8

H 7

H 3

H 1

H 2

石灰槽

F 4
西墙

F 4
东墙

料礓石
硬面

T 3020

T 3021

T 2920

T 2921

墙
体

门道

F 2

F 3

T 2821

火塘
F 5

F 6

T 2822

火塘

F 9

T 2716

T 2717 T 2718

T 2719

T 2619

T 2720

南门

T 2721

T 2721

火塘

T 2621

T 2722

T 2622

F 11 火塘

T 2617 T 2618

T 2620

T 2518

T 2517

早期夯土墙体　　早期附墙　　● 早期柱洞　　⌒ 附壁柱　　⌒⌒ 木骨附壁柱

早期夯土护墙　　F 1 前厅晚期夯填土　　● 早期火坛（火塘）　　▭ 晚期遗迹

▭ 2021、2022 年探方　　▭ 20 世纪发掘区域　　0　　10 米

图 26

图 25　良渚反山 M12 玉琮、玉钺及神人神龙纹和凤纹

图 26　南佐遗址"宫城"

国"或"邦国"⁴⁷。当然，地缘关系的出现并非意味着血缘关系或族群的消失，实际上各族群只是经历了一番"成建制"的整合，血缘和宗族关系一直是中国社会的基础。

距今5000年左右，除西辽河流域的红山文化在达到发展顶峰之后突然衰落外，黄河中、下游和长江中游地区社会也都有进一步的发展，已经初步进入文明社会或者站在了文明社会的门槛。海岱地区大汶口文化墓葬规模更大、分化程度更甚⁴⁸（图27）。长江中游的屈家岭文化涌现出大约20座古城，其中最大的石家河城面积至少有120万平方米⁴⁹，中心位置为宫殿式建筑区，其他还有专门的祭祀区、墓葬区、陶器作坊区等，石家河古城有可能是整个江汉古国的中心。

五、中华文明的早期发展

中华文明的早期发展有大约距今4700年和距今4100年两个关键节点。

距今4700多年进入庙底沟二期或者广义的龙山时代以后，黄土高原尤其是陕北地区遗址急剧增多，北方长城沿线突然涌现出许多军事性质突出的石城，同时在黄土高原文化的强烈影响下，内蒙古中南部、河北大部和河南中部等地的文化格局发生突变。这一系列现象应当是以黄土高原人群为胜利方的大规模战争事件的结果，很可能与文献记载中轩辕黄帝击杀蚩尤的涿鹿之战有关⁵⁰。

47 苏秉琦：《迎接中国考古学的新世纪》，《华人·龙的传人·中国人——考古寻根记》，辽宁大学出版社，1994年；严文明：《黄河流域文明的发祥与发展》，《华夏考古》1997年第1期；王震中：《邦国、王国与帝国：先秦国家形态的演进》，《河南大学学报（社会科学版）》2003年第4期。

48 山东省文物管理处、济南市博物馆：《大汶口——新石器时代墓葬发掘报告》，文物出版社，1974年；山东大学考古学与博物馆学系、济南市章丘区城子崖遗址博物馆：《济南市章丘区焦家新石器时代遗址》，《考古》2018年第7期。

49 刘辉：《长江中游史前城址的聚落结构与社会形态》，《江汉考古》2017年第5期。

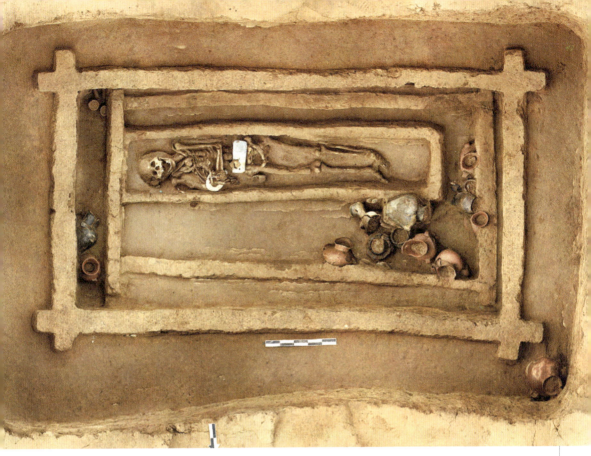

图 27　焦家遗址大汶口文化大墓

　　约距今4500年，在晋南出现面积约280万平方米的襄汾陶寺古城，拥有宫城、宫殿建筑[51]、高等级墓地、"天文台"或祭天遗迹[52]，以及仓储区、手工业区等（图28）。大墓随葬玉钺、玉琮、玉璧、鼍鼓、石磬、彩

50　韩建业：《中国北方早期石城兴起的历史背景——涿鹿之战再探索》，《考古与文物》2022年第2期。

51　中国社会科学院考古研究所山西队、山西省考古研究所、临汾市文物局：《山西襄汾县陶寺城址发现陶寺文化中期大型夯土建筑基址》，《考古》2008年第3期。

52　中国社会科学院考古研究所山西队、山西省考古研究所、临汾市文物局：《山西襄汾县陶寺城址祭祀区大型建筑基址2003年发掘简报》，《考古》2004年第7期；中国社会科学院考古研究所山西队、山西省考古研究所、临汾市文物局：《山西襄汾县陶寺中期城址大型建筑ⅡFJT1基址2004~2005年发掘简报》，《考古》2007年第4期。

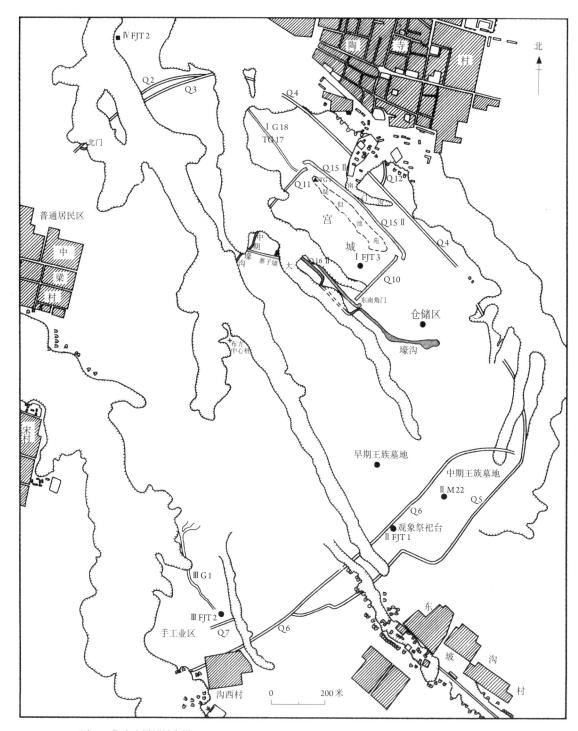

图 28　陶寺中期城址布局

绘蟠龙纹陶盘等成套礼乐器（图 29），存在一定的礼制[53]，墓主人当兼有军权和神权。与陶寺古城大体同时的陕北延安芦山峁遗址，仅核心区面积就达 200 万平方米，发现多处大型夯土台基，上面有中轴对称的多进四合院式宫殿建筑[54]（图 30）。约距今 4300 年，在陕北出现面积约 400 万平方米的神木石峁石城，其核心的皇城台雄伟高大，外有壮观的石砌护坡（图 31），内有宫庙区及精美石雕（图 32），外城门有内外瓮城、巨大墩台[55]（图 33）。出土大量精美的玉器、几十万头羊的骨骼等，显示出存在强大的社会组织能力和一定的社会分工。和石峁同属老虎山文化的还有约 138 万平方米的内蒙古清水河后城咀石城、约 70 万平方米的山西兴县碧村石城等。黄河以南的王湾三期文化则有禹州瓦店、登封王城岗、新密古城寨和新砦等中心聚落或者古城遗址（图 34），发现大型建筑基址和精致黑陶等。

　　这一时期黄河中游地区属于中原龙山文化范畴，有可能形成了一个以黄土高原为重心的大型社会或者早期国家。芦山峁、石峁都是山城，前者祭祀性质突出，后者军事色彩浓厚，而位于汾河谷地的陶寺古城最有可能是这个大型社会或者早期国家的都邑所在地，如果这样，其区域王权的范

53　高炜：《龙山时代的礼制》，《庆祝苏秉琦考古五十五年论文集》，文物出版社，1989 年；中国社会科学院考古研究所、山西省临汾市文物局：《襄汾陶寺——1978～1985 年考古发掘报告》，文物出版社，2015 年；中国社会科学院考古研究所山西队、山西省考古研究所、临汾市文物局：《陶寺城址发现陶寺文化中期墓葬》，《考古》2003 年第 9 期。

54　陕西省考古研究院、西北大学文化遗产学院、延安市文物研究所等：《陕西延安市芦山峁新石器时代遗址》，《考古》2019 年第 7 期。

55　陕西省考古研究院、榆林市文物考古勘探工作队、神木县文体局：《陕西神木县石峁遗址》，《考古》2013 年第 7 期；陕西省考古研究院、榆林市文物考古勘探工作队、神木县文体广电局等：《发现石峁古城》，文物出版社，2016 年；陕西省考古研究院、榆林市文物考古勘探工作队、神木县石峁遗址管理处：《陕西神木县石峁城址皇城台地点》，《考古》2017 年第 7 期；陕西省考古研究院、榆林市文物考古勘探工作队、神木市石峁遗址管理处：《石峁遗址皇城台地点 2016～2019 年度考古新发现》，《考古与文物》2020 年第 4 期。

图 29 陶寺早期大墓 M2001 及出土器物

图 30 芦山峁遗址大营盘梁区宫殿建筑

图 31 石峁皇城台护坡

围比以往任何时候都要强大。不少学者认为陶寺古城为唐尧之都[56]，但也不排除颛顼以后诸帝早在此建都的可能性。陶寺也是突然涌现出的超大型聚落，在黄土高原当地文化基础上融合了大量大汶口文化、良渚文化等东方文化因素，人群构成不会单纯。假设中的黄河中游古国包括陶寺文化、老虎山文化、王湾三期文化等不同的考古学文化，人群成分就会更加复杂，理应是基于血缘关系的地缘组织。

距今4500年以后良渚古国渐趋衰落，黄河下游和长江中上游地区社会进一步发展，应该存在其他一些古国。黄河下游地区先是在大汶口文化晚期出现随葬品更为丰富的大墓，距今4500年以后有了棺椁成套、随葬品成套的临朐西朱封大墓[57]（图35）。长江中游的石家河文化在屈家岭文

56　李民：《尧舜时代与陶寺遗址》，《史前研究》1985年第4期；邹衡：《关于探讨夏文化的条件问题》，《华夏文明（第一集）》，北京大学出版社，1987年。

57　中国社会科学院考古研究所、山东省文物考古研究院、山东临朐山旺古生物化石博物馆：《临朐西朱封——山东龙山文化墓葬的发掘与研究》，文物出版社，2018年。

图 32

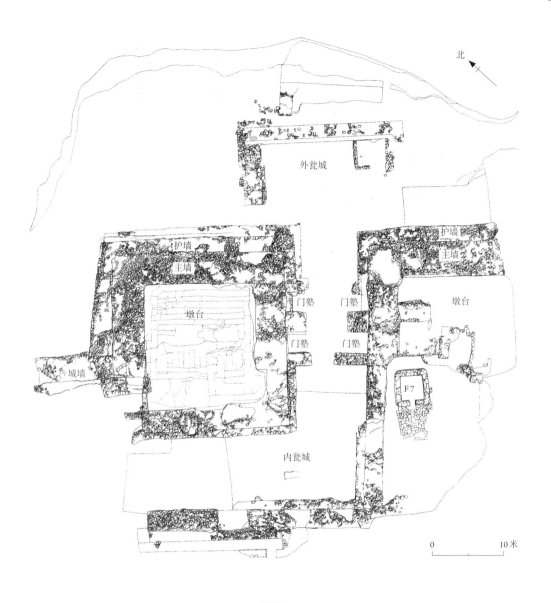

图 32　石峁皇城台区石雕

图 33　石峁外城东门

图 34 古城寨城址城墙

化基础上继续发展，诸多古城继续沿用，出土了颇具特色的数以十万计的红陶杯、红陶塑等祭祀物品。四川盆地的宝墩文化也开始出现面积近300万平方米的古城。

约距今4100年的龙山晚期，中原龙山文化大规模南下豫南和江汉两湖地区，很可能对应古史上的"禹伐三苗"事件[58]，随即夏王朝诞生。通过"禹伐三苗"至少已将长江中游纳入夏朝版图，稍早的时候中原龙山文化还曾南下江淮等地，因此，《尚书·禹贡》等记载的夏禹划分的"九州"很可能有真实历史背景[59]。从这个意义上来说，夏朝初年夏王已经初步具有"工天下"的"大一统"政治王权[60]。此时陶寺晚期出土朱书文

---

58 杨新改、韩建业：《禹征三苗探索》，《中原文物》1995年第2期。

59 韩建业：《龙山时代的文化巨变和传说时代的部族战争》，《社会科学》2020年第1期；韩建业：《从考古发现看夏朝初年的疆域》，《中华读书报》2021年6月30日，第542期。

60 王震中所说夏商周时期的"复合制王朝国家"，实质就是"大一统"政治中国的早期阶段。王震中：《夏代"复合型"国家形态简论》，《文史哲》2010年第1期。

图 35 西朱封大墓随葬的黑陶和玉笄

字（图36）、青铜容器（图37）等，不排除夏初都城仍在此地或附近的可能性。文献记载夏朝统治集团除夏后氏外还有许多其他族氏，是一个"建立在血缘组织基础之上的政治组织"[61]，夏朝"九州"疆域更是统一天下"万国"的结果，中华文明从此进入成熟的"王国文明"阶段。

约3800年以后进入以偃师二里头为都城的晚期夏王朝阶段。二里头都邑面积300多万平方米，中央有10多万平方米的宫城，内有10余座大型宫殿，在二里头文化，甚至当时的整个中国都首屈一指，具有唯我独尊的王者气象。二里头的日常陶器主要源于河南中东部，复合范铸青铜礼器技术源自中原当地并可能接受了来自西北地区青铜技术的影响，玉礼器主要源自陶寺和石峁，爵、斝、盉、玉璋等礼器则辐射流播到中国大部地区[62]。之后的商、周是更加成熟发达的文明社会。

需要指出的是，中国和中亚、欧亚草原等地之间从距今5000多年以后就开始了文化交流，中国的绵羊、黄牛、小麦、青铜器技术等新因素就是中西文化交流的产物[63]，距今4000多年以后这些新因素汇聚于黄河中游地区，一定程度上促进了夏王朝的崛起和商周王朝的发展[64]。

六、结语

概括而言，黄河、长江和西辽河流域等地距今8000多年已经出现较为复杂先进的思想观念和知识系统，成为中国历史上最伟大的一次原创思想爆发期，社会秩序井然，至少部分地区出现基于祭祀权力的社会

61　沈长云：《夏朝的建立与其早期国家形态》，《齐鲁学刊》2022年第1期。

62　赵海涛、许宏：《中华文明总进程的核心与引领者：二里头文化的历史位置》，《南方文物》2019年第2期；许宏：《二里头与中原中心的形成》，《历史研究》2020年第5期。

63　李水城：《西北与中原早期冶铜业的区域特征及交互作用》，《考古学报》2005年第3期；韩建业：《早期东西文化交流的三个阶段》，《考古学报》2021年第3期。

64　韩建业：《论二里头青铜文明的兴起》，《中国历史文物》2009年第1期。

图 36 陶寺遗址陶文

图 37 陶寺遗址铜器

分化并可能已经是父系氏族社会，进入中华文明起源的第一阶段。距今6000年以后出现聚落之间、墓葬之间的显著分化，有了宫殿式建筑和高规格物品，显示已存在掌握一定程度公共权力的首领和贵族，社会开始了加速复杂化的进程，进入了中华文明起源的第二个阶段。距今5100年左右出现超级中心聚落、原初宫城和宫殿建筑，有了大型工程和豪华大墓，已出现区域王权和建立血缘关系基础上的地缘组织，中华文明正式形成，属于"古国文明"阶段。距今4100年左右初步形成"大一统"政治格局，进入拥有"天下"王权的夏代和比较成熟的"王国文明"阶段，距今3800年以后的夏代晚期和商周时期"王国文明"进一步发展。中华文明是土生土长的文明，早期的中西文化交流为中华文明的形成和早期发展提供了新鲜血液。

中华文明早期最鲜明的特征，就是具有"一元"宇宙观和"有中心多支一体"的格局[65]。"元"是根本源头之意，距今8000多年中国大部地区有着"天圆地方""天人合一"的"一元"宇宙观，这是文化上的中国能够融为"一体"、政治上的中国"分裂时向往统一、统一时维护统一"的根源所在。中国地理环境广大多样，因此文化上的早期中国具有"多支"结构或多个样貌，中华文明起源也有不同的区域子模式[66]。中华文明诚然是各区域文明社会互相融合、各地文明要素互动汇聚的结果，但黄河中游地区文化和社会发展连续性最强，多数时候都具有中心位置，起到过主导作用，黄河中游地区是中华文明之花的"花心"[67]。这样一个"一元"宇宙观和"有中心多支一体"格局的早期中华文明，既不同于西亚、希腊式的"城邦文明"模式，也不同于社会文化高度同质的"埃及文明"模式，而是将具有共同基础的多个支系的区域文明社会统一起来形成的特殊文明，可称为"天下文明"模式。"天下文明"模式，以及敬天法祖、诚信仁爱、和合大同等文化基因，是中华文明跌宕起伏而仍能连续发展的根本原因，也是中华文明伟大复兴的根基所在。

65 石兴邦曾提出过中国文化"一元多支"或"一元多系"的观点。石兴邦：《炎黄文化研究及有关问题》，《炎帝与民族复兴》，陕西人民出版社，2006年。

66 韩建业：《略论中国铜石并用时代社会发展的一般趋势和不同模式》，《古代文明（第2卷）》，文物出版社，2003年；李伯谦：《中国古代文明演进的两种模式——红山、良渚、仰韶大墓随葬玉器观察随想》，《文物》2009年第3期。

67 严文明：《中国史前文化的统一性与多样性》，《文物》1987年第3期。

论早期中国的"一元多支一体"格局

　　这里所说"早期中国"是指秦汉时期以前的中国。早期中国是"一元"还是"多元"，是否存在"一体"，是一个宏大话题。"元"本意为人首[1]，引申为肇始本原[2]；"体"本意为肢体[3]，引申为一般事物之体[4]。因此，"一元"抑或"多元"，实际是早期中国有一个根本还是多个根本的问题；是否存在"一体"，是早期中国是否为一个文化实体的问题。

　　古史传说中的中华先民，远以伏羲女娲为祖，近以轩辕黄帝为宗，基本属于"一元""一体""一统"。近代疑古运动兴起，古史体系几乎被摧毁，顾颉刚提出的疑古纲领就包括"打破民族出于一元的观念"和"打破地域向来一统的观念"[5]。相信古史传说有真实历史背景的学者也多放弃

1　《尔雅·释诂下》："元、良，首也。"郭璞注，邢昺疏：《尔雅注疏》卷二，《十三经注疏》（标点本），北京大学出版社，1999年，第53页。

2　《周易·乾·彖》："大哉乾元！万物资始，乃统天。"王弼注，孔颖达疏：《周易正义》卷一，《十三经注疏》（标点本），北京大学出版社，1999年，第7页。《尔雅·释诂第一》："初、哉、首、基、肇、祖、元、胎、俶、落、权舆，始也。"郭璞注，邢昺疏：《尔雅注疏》卷一，第8页。《说文·一部》："元，始也。"许慎撰，臧克和、王平校订：《说文解字新订》卷一，中华书局，2002年，第1页。

3　《诗经·鄘风·相鼠》："相鼠有体，人而无礼。"毛亨传，郑玄笺，孔颖达疏：《毛诗正义》卷三，《十三经注疏》（标点本），北京大学出版社，1999年，第206页。

4　《周易·系辞上》："故神无方，而易无体。"王弼注，孔颖达疏：《周易正义》卷七，第268页。

5　顾颉刚：《答刘胡两先生书》，《古史辨（一）》，上海古籍出版社，1982年。

了"一元""一统"说，如傅斯年的"夷夏东西说"[6]，蒙文通和徐旭生的"三大民族"或"三大集团"说[7]。从考古学角度来看，20世纪前期有仰韶、龙山西东"二元"说[8]，五六十年代有比较绝对的"中原中心"说，实质上是以黄河流域作为中华民族摇篮的"一元"说[9]。80年代前后苏秉琦针对"中原中心"说提出"区系类型"说，将中国新石器时代文化划分为六大区，认为各区之间在文化内涵、发展道路和源流方面都存在差异[10]，和他后来提倡的文明起源的"满天星斗"说互有联系。1989年费孝通明确提出中华民族"多元一体"格局说，影响巨大。他还曾尝试在史前时期找寻中华民族的起源，以旧石器时代多地发现古人类遗存、新石器时代有多个文化区为由，认定中华民族在源头上就是"多元"的；以新石器时代的文化交流，说明中华民族在源头上有着"一体"格局[11]。

中华民族起源和形成阶段的"一体"格局比较容易理解。早在1986年，严文明就提出中国史前文化既有统一性又有多样性，形成了一个"重瓣花朵式"格局，成为统一的多民族的现代中国的史前基础[12]。1987年张光直提出公元前4000年以后中国各地文化相互交流而形成了一个史前的"中国相互作用圈"[13]。"重瓣花朵式"格局和"中国相互作用圈"都是中华

6　傅斯年：《夷夏东西说》，《庆祝蔡元培先生六十五岁论文集》（下册），中研院历史语言研究所集刊外编第一种，1935年。

7　蒙文通：《古史甄微》，巴蜀书社，1999年；徐旭生：《中国古史的传说时代》（增订本），文物出版社，1985年。

8　梁思永：《小屯龙山与仰韶》，《梁思永考古论文集》，科学出版社，1959年，第91～98页。

9　1959年安志敏就说"黄河流域是中国文明的摇篮"，黄河流域史前文化"推动和影响了邻近地区的古代文化"。安志敏：《试论黄河流域新石器时代文化》，《考古》1959年第10期。

10　苏秉琦、殷玮璋：《关于考古学文化的区系类型问题》，《文物》1981年第5期。

11　费孝通：《中华民族的多元一体格局》，《北京大学学报（哲学社会科学版）》1989年第4期。

12　1986年严文明在美国弗吉尼亚州艾尔莱召开的"中国古代史与社会科学一般法则"国际学术会议上提出了这个观点。严文明：《中国史前文化的统一性与多样性》，《文物》1987年第3期。

13　张光直：《中国相互作用圈与文明的形成》，《庆祝苏秉琦考古五十五年论文集》，文物出版

民族早期文化"一体"格局的形象表达。"多元"说则值得商榷。现在的中华民族共同体有多个民族单位，史前的考古学文化有多个样貌，都固然是事实，但中华民族或中华文化的根本却不见得是多个。1995年石兴邦就提出"中国文化是一元而非多元，是一元多支或一元多系"[14]。本文主要从考古学角度来论述早期中国的"一元多支一体"格局。

一、一元的宇宙观、伦理观和历史观

"元"既是根本，最根本的就应当是能够长久传承的核心思想观念以及文化基因，而非易变的物质文化。根据考古发现，我们能够比较清楚地看到，距今8000年左右在中国大部地区已经有了共同的宇宙观、伦理观、历史观等核心思想观念，已形成共有的文化基因。

中华先民早期共有的宇宙观，就是"天圆地方"观。距今8000年左右，在长江中游的湖南洪江高庙遗址白陶祭器上面，压印有八角形复合纹饰：中央是弧边四角形，外接圆形，再外为八角星纹，最外面是多周圆形，被认为是已出现"天圆地方"宇宙观的证据[15]。这种八角星纹后来流传到长江下游、黄河下游、西辽河流域甚至甘青地区，尤以安徽含山凌家滩遗址距今5000多年前的八角星纹"洛书玉版"最具代表性[16]。这件玉版四周的穿孔上九下四、左右各五，发现的时候就夹在墓主人胸口位置一件玉龟的背甲和腹甲之间[17]。八角星纹及其周边穿孔数本身就蕴含"四方五

社，1989年，第6页。Kwang-chih Chang: *The Archaeology of Ancient China, Fourth Edition, Revised and Enlarged*, New Haven: Yale University Press, 1987.

14 石兴邦：《炎黄文化研究及有关问题》，《炎帝与民族复兴》，陕西人民出版社，2006年。

15 贺刚：《湘西史前遗存与中国古史传说》，岳麓书社，2013年，第342~345页。

16 陈久金、张敬国：《含山出土玉片图形试考》，《文物》1989年第4期。

17 安徽省文物考古研究所：《凌家滩——田野考古发掘报告之一》，文物出版社，2006年，第46~49页。

位""八方九宫"的空间数理之意[18]，而夹在龟甲之间，很可能就是要以较圆圜的背甲象天、以较方平的腹甲形地[19]，寓意"天圆地方"。

高庙白陶上还有一些复杂的组合图案，核心是一种"见首不见尾"的大口獠牙带双翼的"飞龙"形象，"飞龙"或者太阳被巨大的凤鸟向上托举，且常位于梯状物之间。巧合的是，在高庙大型祭坛上有4个边长1米的巨大柱洞，发掘者推测原来有过"排架式梯状建筑"，很可能和白陶上的梯状形象一样，都属于很高的"天梯"或"通天神庙"。祭坛上还有几十个埋有火烧过的动物骨骼或人骨的祭祀坑。龙、凤、日、"通天神庙"，与燔柴举火有关的祭祀坑，都说明高庙遗址有过祀天仪式[20]，也理应存在敬天信仰[21]。令人惊讶的是，类似高庙文化的大口獠牙的龙形象，还见于同时期西辽河流域兴隆洼文化的辽宁阜新塔尺营子[22]、内蒙古林西白音长汗等遗址[23]（图38），而阜新查海遗址村落中央则有一条堆塑的长近20米的石龙[24]。高庙所

18   冯时：《中国天文考古学》，社会科学文献出版社，2001年，第370～394页。

19   按：在《列子·汤问》《淮南子·览冥训》等文献中，有女娲"断鳌足以立四极"的记载；在《雒书》中有灵龟"上隆法天，下平法地"的记载（《初学记》鳞介部龟第十一引）。参见李新伟：《中国史前玉器反映的宇宙观——兼论中国东部史前复杂社会的上层交流网》，《东南文化》2004年第3期；徐峰：《中国古代的龟崇拜——以"龟负"的神话、图像与雕像为视角》，《中原文物》2013年第3期。

20   《周礼·春官·大宗伯》："以禋祀祀昊天上帝，以实柴祀日、月、星、辰……"郑玄注，贾公彦疏：《周礼注疏》卷十八，《十三经注疏》（标点本），北京大学出版社，1999年，第451页。《仪礼·觐礼》："祭天，燔柴。"郑玄注，贾公彦疏：《仪礼注疏》卷二十七，《十三经注疏》（标点本），北京大学出版社，1999年，第533页。

21   韩建业：《中国新石器时代的祀天遗存和敬天观念——以高庙、牛河梁、凌家滩遗址为中心》，《江汉考古》2021年第6期。

22   滕铭予、吉迪、苏军强等：《2015年辽宁省阜新蒙古族自治县塔尺营子遗址试掘报告》，《边疆考古研究（第25辑）》，科学出版社，2019年。

23   内蒙古自治区文物考古研究所：《白音长汗——新石器时代遗址发掘报告》，科学出版社，2004年，彩版20。

24   辽宁省文物考古研究所：《查海——新石器时代聚落遗址发掘报告》，文物出版社，2012年。

在的湘西地区和西辽河流域相距数千千米，却都能有如此相似的神龙形象，暗示与其相关的敬天信仰或者"天圆地方"观念，可能普遍存在于8000年前的中国大部地区。此后这种观念代有传承，祀天遗迹也时有发现。最有代表性的是5000多年前红山文化的牛河梁大型祭祀遗址，这里发现了不少祀天的圆坛或"圜丘"[25]，其中一座圆形三圈大坛[26]，内、外

图 38   白音长汗遗址獠牙龙面形象

圈直径比例和《周髀算经》里《七衡图》所示的外、内衡比值完全相同，被认为是"迄今所见史前时期最完整的盖天宇宙论图解"[27]。

上述5000多年前的凌家滩大墓还出有玉龟形器，有的内插玉签，被推测为数卜龟占用具[28]。而在距今8000多年前属于裴李岗文化的河南舞阳贾湖遗址墓葬中，则随葬有内含石子的真龟甲[29]，有的龟甲上还刻有可能

25   《周礼·春官·大司乐》："冬日至，于地上之圜丘奏之，若乐六变，则天神皆降，可得而礼矣。"郑玄注，贾公彦疏：《周礼注疏》卷二十二，第586页。

26   辽宁省文物考古研究所：《牛河梁——红山文化遗址发掘报告（1983～2003年度）》附图一，文物出版社，2012年。

27   冯时：《红山文化三环石坛的天文学研究——兼论中国最早的圜丘与方丘》，《北方文物》1993年第1期。

28   安徽省文物考古研究所：《安徽含山县凌家滩遗址第五次发掘的新发现》，《考古》2008年第3期。

29   河南省文物考古研究所：《舞阳贾湖》，科学出版社，1999年；河南省文物考古研究院、中国科学技术大学科技史与科技考古系：《舞阳贾湖（二）》，科学出版社，2015年；河南省文物考古研究院、中国科学技术大学科技史与科技考古系、舞阳县博物馆：《河南舞阳县贾湖遗址2013年发掘简报》，《考古》2017年第12期。

表示占卜结果的字符[30]，应当是更早的八卦类龟占数卜工具[31]。以龟甲占卜可能和龟甲象征"天圆地方"有关，与龟甲经常一起出土的骨"规矩"，则可能是规划天地、观象授时的工具[32]。与贾湖类似的字符，在渭河流域甘肃秦安大地湾[33]和陕西临潼白家[34]等白家文化遗址中也有发现。特别值得注意的是，在长江下游浙江义乌桥头遗址上山文化陶器上[35]，发现了六画一组的八卦类卦画符号；在萧山跨湖桥遗址跨湖桥文化的角器、木器上[36]，发现了六画一组的八卦类数字卦象符号，这些与同时期贾湖的数卜当属一个传统。可见，龟占、数卜、规矩及其"天圆地方"观同样被黄河流域和长江下游地区所共享。

中华先民早期共有的伦理观、历史观，当指重视亲情、崇拜祖先、不忘历史的观念。这在史前时期的土葬"族葬"习俗中有集中体现。从距今一万多年前以来，中国大部地区发现的墓葬基本都是土坑竖穴墓，将祖先深埋于地下，"入土为安"，并且装殓齐整，随葬物品，有的还实行墓祭，显示出对死者特别的关爱和敬重，是重视亲情人伦和强调祖先崇拜的反映。尤其是黄河流域裴李岗文化、白家文化、后李文化的墓葬，基本都位于居址附近，同一墓地墓葬的头向习俗大体相同，当属同一群人"聚族而居，聚族而葬"的结果，强调了可能有血亲关系的同族同宗之人生死相依的关系[37]。属于裴李

---

30 贾湖 M 344 中的一例类似眼睛的符号，冯时认为对应古彝文的"吉"。冯时：《中国古文字学概论》，中国社会科学出版社，2016 年、第 24~25 页。

31 宋会群、张居中：《龟象与数卜：从贾湖遗址的"龟腹石子"论象数思维的源流》，《大易集述：第三届海峡两岸周易学术研讨会论文集》，巴蜀书社，1998 年。

32 王楠、胡安华：《印证神话传说：贾湖遗址发现骨制"规矩"》，《中国城市报》2019 年 7 月 22 日，第 13 版。

33 甘肃省文物考古研究所：《秦安大地湾——新石器时代遗址发掘报告》，文物出版社，2006 年。

34 中国社会科学院考古研究所：《临潼白家村》，巴蜀书社，1994 年。

35 《浙江义乌桥头新石器时代遗址》，《2019 中国重要考古发现》，文物出版社，2020 年。

36 王长丰、张居中、蒋乐平：《浙江跨湖桥遗址所出刻划符号试析》，《东南文化》2008 年第 1 期。

37 《周礼·地官·大司徒》郑玄注"族坟墓"一词，曰："族犹类也。同宗者，生相近，死相

岗文化的河南新郑裴李岗[38]、郏县水泉[39]、舞阳贾湖等墓地,墓葬或分区分群,或成排成列,有一定空间秩序,可能体现了现实中同一氏族(宗族)的人群在亲疏关系、辈分大小等方面的秩序。同一墓地延续一二百年甚至数百年之久,说明族人对远祖的栖息地有着长久的记忆和坚守,体现出对祖先的顽强历史记忆,可能也为后世子孙在这块地方长期耕种生活提供了正当理由和"合法性"[40]。

早期中国共有的宇宙观、伦理观、历史观,统合形成"一元"的"敬天法祖"信仰,又分解为整体思维、天人合一、诚信仁爱、和合大同等文化基因[41]。这类观念信仰或文化基因,使得中国人能将自身置于天地宇宙古往今来的适当位置,存诚敬之心,有家国情怀,着意于修积德慧,而非个人至上、物欲至上。

二、多支文化系统、多种文明起源子模式

早期中国的"多支",既表现在考古学文化的多个样貌或多个支系,也体现在文明起源和形成过程的多种路径或多种子模式。

考古学文化是"能够在考古学遗存中观察到的,存在于一定时期和一定地域,并具有一定特征的共同体"[42]。考古学文化属于可观察到的物质

迫。"郑玄注,贾公彦疏:《周礼注疏》卷十,第262页。

38 中国社会科学院考古研究所河南一队:《1979年裴李岗遗址发掘报告》,《考古学报》1984年第1期。

39 中国社会科学院考古研究所河南一队:《河南郏县水泉裴李岗文化遗址》,《考古学报》1995年第1期。

40 韩建业:《裴李岗时代的"族葬"与祖先崇拜》,《华夏考古》2021年第2期。

41 韩建业:《从考古发现看八千年以来早期中国的文化基因》,《光明日报》2020年11月4日,第11版。

42 严文明:《关于考古学文化的理论》,《考古学初阶》,文物出版社,2018年,第78页。

文化范畴，比较容易随时空发生变化，且有一定的变化规律和发展谱系。由于考古学文化与族群存在一定程度的对应关系，因此对考古学文化演变谱系的梳理，一定程度上也是对中华民族发展谱系的探索。中国地域广大、环境多样，考古学文化面貌自然也是多种多样，现在已命名的考古学文化数以百计，对考古学文化大区或大系统的归纳有着多种方案。除苏秉琦的"六大区"说外，佟柱臣有七个文化系统中心说[43]，严文明先是提出稻作农业、旱作农业和狩猎采集三大经济文化区，甘青、中原、山东、燕辽、江浙、长江中游六大"民族文化区"和周边地区的六个小文化区[44]，后又提出华北鬲文化系统、东南鼎文化系统、东北罐文化系统的文化三系统说[45]。

但正如安志敏所指出的那样，考古学文化的"兴起、演变、消亡以及迁徙和交流等，都在考古学遗迹中呈现出复杂的迹象"[46]。对中国史前文化区系的整体划分，只是根据自然环境、生业状况和部分文化要素概括的结果，不表明每个文化区真能数千年一脉相承、连续发展。要划分出更加可信的文化区或文化系统，只有在分阶段的前提下才有可能做到。我们主要根据变化最为敏感的陶器的情况，将中国新石器时代早、中、晚期分别划分出若干支文化系统：距今1万多年至9000年的新石器时代早期晚段，有华南和长江中游南部的绳纹圜底釜文化系统、钱塘江流域的平底盆—圈足盘—双耳罐文化系统、中原地区的深腹罐文化系统、海岱地区的素面釜文化系统和华北—东北地区的筒形罐文化系统等五支文化系统（图39）。约距今9000～7000年的新石器时代中期，有

43 佟柱臣：《中国新石器时代文化的多中心发展论和发展不平衡论——论中国新石器时代文化发展的规律和中国文明的起源》，《文物》1986年第2期。

44 严文明：《中国史前文化的统一性与多样性》，《文物》1987年第3期。

45 严文明：《中国古代文化三系统说》，《丹霞集——考古学拾零》，文物出版社，2019年。

46 安志敏：《论环渤海的史前文化——兼评"区系"观点》，《考古》1993年第7期。

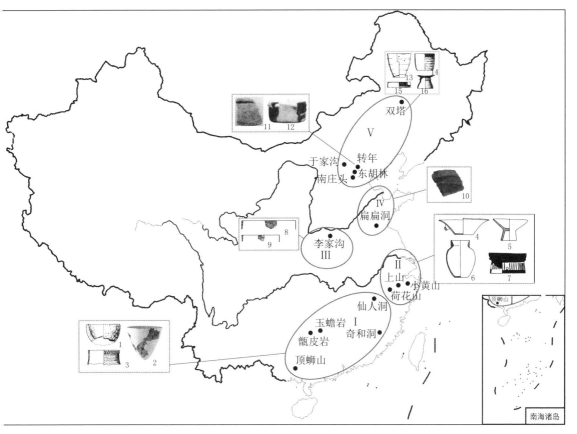

图 39　中国新石器时代早期文化区系（公元前 10000～前 7000 年）

Ⅰ.绳纹圈底釜文化系统　Ⅱ.平底盆—圈足盘—双耳罐文化系统　Ⅲ.深腹罐文化系统　Ⅳ.素面釜文化系统　Ⅴ.筒形罐文化系统

1~3.釜（甑皮岩DT6 ㉘：072、玉蟾岩95DMT9：26、顶蛳山T2206 ④：1）　4.盆（上山H301：1）　5、16.豆（上山H193：1、双塔Ⅱ T130 ②：2）　6.双耳罐（上山H226：5）　7.圈足盘（小黄山M2：2）　8、9.深腹罐（李家沟09XLL：612、738）　10.素面釜（扁扁洞）　11~15.筒形罐（东胡林T9 ⑤：20，转年，双塔Ⅱ T406 ②：4、Ⅱ C2：1、Ⅱ T117 ②：11）（均为陶器）

黄河和淮河上中游的深腹罐—双耳壶—钵文化系统、长江中下游和华南的釜—圈足盘—豆文化系统、华北和东北地区的筒形罐文化系统、泰沂山以北地区的素面釜文化系统等四支文化系统[47]（图40）。约距今7000～5000年的新石器时代晚期，有黄河流域的瓶（壶）—钵（盆）—罐—鼎文化系统、长江中下游和华南的釜—圈足盘—豆文化系统、东

47　韩建业：《中国新石器时代早中期文化的区系研究》，《考古学研究（九）》，文物出版社，2012年。

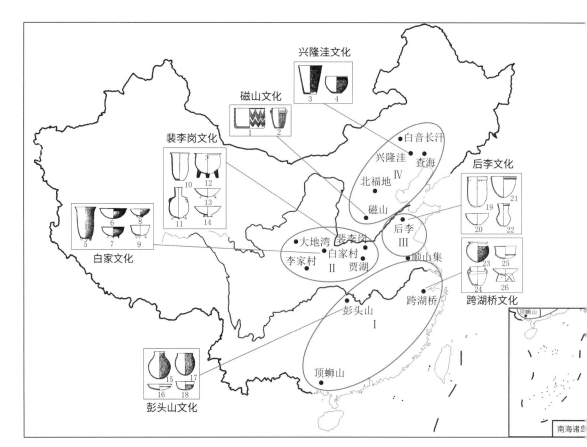

图 40　中国新石器时代中期文化区系（公元前 7000～前 5000 年）

Ⅰ. 釜—圈足盘—豆文化系统　Ⅱ. 深腹罐—双耳壶—钵文化系统　Ⅲ. 素面釜文化系统　Ⅳ. 筒形罐文化系统

1~4. 筒形罐（盂）（磁山T96 ②：38、25，兴隆洼F171 ④：10、F180 ④：8）　5、10. 深腹罐（白家T309 ③：4，裴李岗M37：3）　6~9、13、14、16、18、20、25. 钵（白家T204H25：1、T116H4：2、T117 ③：4、T121 ③：8，裴李岗M38：11、M56：4，彭头山T5 ⑤：4、F2：1，后李H1546：1，跨湖桥T0410 湖Ⅲ：17）　11、22. 壶（裴李岗M100：10、后李H1677：1）　12. 鼎（贾湖H104：6）　15、17、19、21、23. 釜（罐）（彭头山H2：47、H1：6、后李H3827：1、H3832：1，跨湖桥T0411 ⑧A：132）　24. 双耳罐（跨湖桥T0411 ⑧A：24）　26. 圈足盘（跨湖桥T0513 ⑨C：2）（均为陶器）

北地区的筒形罐文化系统等三支文化系统[48]（图41）。可见随着时间的推移、聚落和人口的不断增加，文化交流融合趋势越来越明显，文化系统的数量逐渐减少。

　　文明起源和形成的道路或模式各地也有所不同。严文明就曾提出中国文明不但有多个起源中心，而且"各地方走向文明的道路或方式当然

48　韩建业：《早期中国——中国文化圈的形成和发展》，上海古籍出版社，2015年，第71～72页。

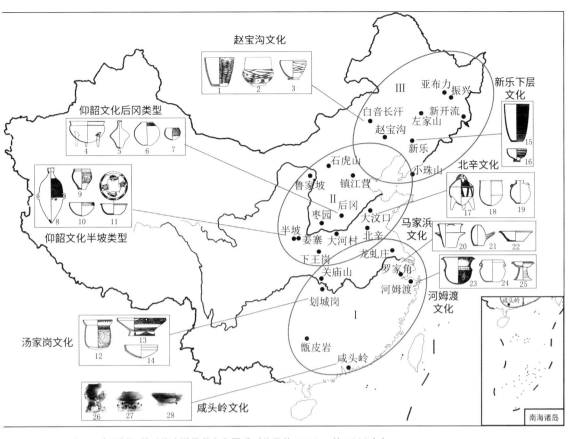

图 41　中国新石器时代晚期早段文化区系（公元前 5000 ～前 4200 年）

Ⅰ. 釜—圈足盘—豆文化系统　Ⅱ. 瓶（壶）—体（盆）—罐—鼎文化系统　Ⅲ. 简形罐文化系统

1、15. 简形罐（赵宝沟F105②：28、新乐）　2. 尊（赵宝沟F7②：15）　3、16. 圈足钵（赵宝沟F105②：11、新乐）　4、17. 鼎（后冈H5：6、北辛H706：7）　5、8、19. 瓶（壶）（后冈、姜寨T181F46：11、北辛H1002：12）　6、9、24. 罐（后冈H2：2、姜寨T276M159：4、河姆渡T33（4）：109）　7、10、14. 钵（后冈H2：1、姜寨T276W222：1、划城岗T28⑥：1）　11、22. 盆（姜寨T16W63：1、罗家角T129④：3）　12、18、20、23. 釜（划城岗T13⑦B：5、北辛M702：1、罗家角T128③：20、河姆渡T26（4）：34）　13、27. 圈足盘（划城岗M156：1、咸头岭T9⑤：1、T1⑧：2）　21. 盂（罗家角T107①：2）　25. 豆（河姆渡T211（4B）：447）　26. 杯（咸头岭T1⑤：2）（均为陶器）

就有可能不大相同"[49]。具体来看，约距今 6000 年以后，中国大部地区加快文明起源的步伐，父系家庭和家族组织凸现、战争频繁发生，但同时各地又表现出不同特点，我们将其归纳为"东方""中原"和"北方"三种模式[50]。"东方模式"指面向东南沿海的黄河下游、长江中下游地区，葬

49　严文明：《中国文明起源的探索》，《中原文物》1996 年第 1 期。

50　韩建业：《略论中国铜石并用时代社会发展的一般趋势和不同模式》，《古代文明（第 2 卷）》，文物出版社，2003 年。

俗表现出事死如生、富贵并重、奢侈浪费的特点，物质文化很发达，社会分工明确，发展道路波澜起伏，约距今4000年后走向衰落。"北方模式"指面向西北内陆的黄河上中游大部地区，丧葬观念生死有度、重贵轻富、务实质朴，物质文化不很发达，社会分工有限，发展稳定持续。"中原模式"指豫中西、晋南、关中东部地区，总体和"北方模式"接近，但也表现出一定的"东方模式"特点。"北方模式"和"中原模式"所在的黄河中游地区最后长期成为政治上中国的中心所在。李伯谦认为，"红山文化古国是以神权为主的神权国家，良渚文化古国是神权、军权、王权相结合的以神权为主的神权国家，仰韶文化古国是军权、王权相结合的王权国家"，仰韶古国得以承续发展，原因就在于其"能自觉不自觉地把握社会可持续发展的方向，避免社会财富的浪费"[51]。这是对于中华文明起源不同模式的更加深刻的认识。

三、有中心、多层次的一体格局

严文明提出的"重瓣花朵式"格局、张光直提出的"中国相互作用圈"，都是在表达早期中国的"一体"格局。但两人的观点有一定区别：张光直"中国相互作用圈"中的各文化互相"平等"，中原或黄河中游并无特殊地位。而严文明的"重瓣花朵式"格局有主有次，"花心"就是中原，"重瓣"就是与中原分层联系的周围文化。因此，"一体"格局还涉及是否有中心的问题。根据对考古材料的梳理，我们会发现早期中国的"一体"格局实际上有过一个较长的起源、形成和发展的过程，而且在绝大多数时间段存在黄河中游或者中原地区这个中心。

距今8000年左右的新石器时代中期，虽然可分四个文化系统，但以中

---

51 李伯谦：《中国古代文明演进的两种模式——红山、良渚、仰韶大墓随葬玉器观察随想》，《文物》2009年第3期。

原地区的裴李岗文化实力最强、位置最特殊，最容易和周围地区发生全方位交流或对周围文化产生更大影响。裴李岗文化的西向迁徙影响，使得渭河—汉水上游地区出现农业和壶、钵、罐等陶器，促成了白家文化的诞生；北向影响使得冀南地区文化面貌

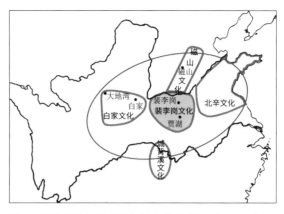

图 42　早期中国文化圈雏形（公元前 5400 ～前 5000 年）

大为改观，在本来属于筒形罐系统的磁山文化当中新见大量壶、钵等泥质陶器[52]；东向影响导致淮河中游地区双墩文化的产生[53]，南向也对彭头山文化有一定影响[54]。正是在裴李岗文化的相对主导作用下，中国大部地区文化初步交融形成"一体"格局，有了雏形的"早期中国文化圈"，或者文化上"早期中国"的萌芽[55]（图42）。此时在黄河中游和西辽河流域出现了秩序井然的社会和一定程度的社会分化，在中国大部地区产生了较为先进复杂的思想观念和知识系统，恰好进入中华文明起源的第一阶段。从这个意义上来说，黄河中游或者中原地区一定程度上是具有中心地位的。

52　河北省文物管理处、邯郸市文物保管所：《河北武安磁山遗址》，《考古学报》1981年第 3 期。

53　安徽省文物考古研究所、蚌埠市博物馆：《蚌埠双墩——新石器时代遗址发掘报告》，科学出版社，2008 年；韩建业：《双墩文化的北上与北辛文化的形成——从济宁张山"北辛文化遗存"论起》，《江汉考古》2012 年第 2 期。

54　峡江地区的枝城北类彭头山文化遗存的一些地方性因素，如双錾平底或圈足深腹罐、小口耸肩扁壶等，当为受到裴李岗文化影响而产生。参见湖北省文物考古研究所：《宜都城背溪》，文物出版社，2001 年。

55　韩建业：《裴李岗文化的迁徙影响与早期中国文化圈的雏形》，《中原文物》2009 年第 2 期。

距今6000年左右的新石器时代晚期后段，晋南、豫西和关中东部交界地带崛起了实力强大的仰韶文化东庄—庙底沟类型。和之前的半坡期相比，庙底沟类型的遗址数量激增三四倍，出现了明显的聚落分化，涌现出数十甚至超百万平方米的大型聚落，出现了数百平方米的殿堂式建筑[56]，率先迈开了进入中华文明起源第二阶段的步伐。庙底沟类型迅速向周围强力扩张影响，其影响北到内蒙古中南部和蒙古国东南部[57]，东北达西辽河流域[58]，东至长江下游[59]，南至长江中游甚至洞庭湖地区[60]，西南到四川西北部[61]，西至陕甘甚至青海东部[62]。造成整个黄河中游地区仰韶

56　河南省文物考古研究所、中国社会科学院考古研究所河南一队、三门峡市文物考古研究所等：《河南灵宝西坡遗址105号仰韶文化房址》，《文物》2003年第8期；中国社会科学院考古研究所河南一队、河南省文物考古研究所、三门峡市文物考古研究所等：《河南灵宝市西坡遗址发现一座仰韶文化中期特大房址》，《考古》2005年第3期。

57　类似庙底沟类型的彩陶器和粟作农业等，不仅广泛见于内蒙古中南部的鄂尔多斯和岱海等地，还扩展到现在比较干旱的锡林郭勒地区，甚至蒙古国东南部地区。纳古善夫：《内蒙古苏尼特右旗吉日嘎郎图新石器时代遗存》，《考古》1982年第1期；Д. Содномжамц, Г. Анхсанаа. Дорнод Монголоос Олдсон Будмал Хээтэй Нэгэн Ваар. *Нүүдэлчдийн өв судлал* (TomusXXII-Ⅱ，Fasciculus 1 - 22)，Улаанбаатар, 2021 он.

58　类似庙底沟类型的黑彩花瓣纹彩陶钵等，见于辽宁喀左东山嘴等遗址的红山文化遗存当中。参见朱延平：《红山文化彩陶纹样探源》，《边疆考古研究（第6辑）》，科学出版社，2007年。

59　安徽潜山薛家岗和肥西古埂（安徽省文物考古研究所：《潜山薛家岗》，文物出版社，2004年，第304页；安徽省文物考古研究所：《安徽肥西县古埂新石器时代遗址》，《考古》1985年第7期）、江苏海安青墩（南京博物院：《江苏海安青墩遗址》，《考古学报》1983年第2期）、吴县草鞋山（南京博物院：《吴县草鞋山遗址》，《文物资料丛刊（3）》，文物出版社，1980年）、金坛三星村（江苏省三星村联合考古队：《江苏金坛三星村新石器时代遗址》，《文物》2004年第2期，图五三，5、10）等遗址所见花瓣纹彩陶，以及龙虬庄二期M141的葫芦形瓶等（龙虬庄遗址考古队：《龙虬庄——江淮东部新石器时代遗址发掘报告》，科学出版社，1999年），都属于庙底沟类型因素。

60　中国社会科学院考古研究所：《枝江关庙山》，文物出版社，2017年；湖南省文物考古研究所：《澧县城头山——新石器时代遗址发掘报告》，文物出版社，2007年。

61　成都文物考古研究所、阿坝藏族羌族自治州文物保管所、茂县羌族博物馆：《四川茂县波西遗址2002年的试掘》，《成都考古发现（2004）》，科学出版社，2006年。

文化面貌的空前统一⁶³，导致外围地区文化格局发生重要调整，其影响的深度和广度前所未见。正是在这一过程中，中国大部地区文化正式交融形成以中原为核心的"一体"格局，意味着最早的"早期中国文化圈"或者"文化上的早期中国"正式形成⁶⁴。

庙底沟时代形成的"文化上的早期中国"，还具有核心区、主体区和边缘区的三层次结构（图43）：核心区的晋西南豫西及关中东部，最具代表性的花瓣纹彩陶线条流畅，设色典雅；主体区的黄河中游地区（南侧还包括汉水上中游、淮河上游等），也就是除核心区之外的整个仰韶文化分布区，花瓣纹彩陶造型因地略异，线条稚嫩迟滞，其中偏东部彩陶多色搭配，活泼有余而沉稳不足；边缘区即黄河下游、长江中下游和东北等仰韶文化的邻近地区，时见正宗或变体花瓣纹彩陶，但主体器类都是当地传统，常见在当地器物上装饰庙底沟类型式花纹。这样的三层次结构清楚体现中原核心区主导下的文化整合过程，奠定了后世政治上中国畿服制分层次统治的基础。

距今5000年左右进入铜石并用时代，"文化上的早期中国"范围进一步扩大，黄河、长江和西辽河流域出现了多个区域中心，出现大型聚落、大型祭祀中心、大型墓葬等，贫富分化、阶级分化、社会分工都比较显

62 青海省文物考古队：《青海民和阳洼坡遗址试掘简报》，《考古》1984年第1期；中国社会科学院考古研究所甘青工作队、青海省文物考古研究所：《青海民和县胡李家遗址的发掘》，《考古》2001年第1期。

63 严文明指出"庙底沟期是一个相当繁盛的时期，这一方面表现在它内部各地方类型融合和一体化的趋势加强，另一方面则表现在对外部文化影响的加强"（严文明：《略论仰韶文化的起源和发展阶段》，《仰韶文化研究》，文物出版社，1989年）。张忠培认为此时是"相对统一的时期"（张忠培：《关于内蒙古东部地区考古的几个问题》，《内蒙古东部区考古学文化研究文集》，海洋出版社，1991年）。王仁湘称庙底沟期的彩陶扩展是"史前中国的艺术浪潮"（王仁湘：《史前中国的艺术浪潮——庙底沟文化彩陶研究》，文物出版社，2011年）。

64 韩建业：《庙底沟时代与"早期中国"》，《考古》2012年第3期。

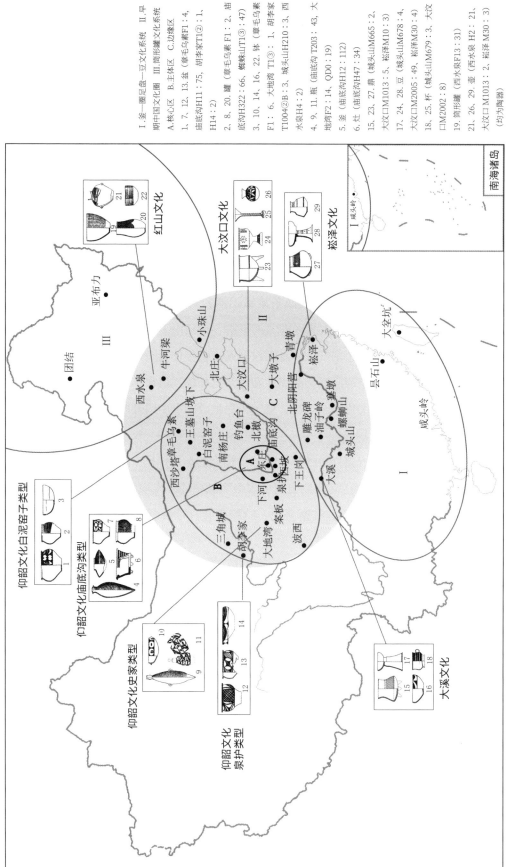

I.釜—圈—圈足盘—豆文化系统　II.早期中国文化圈　B.主体区　C.边缘区　III.简形罐文化系统
A.核心区

1、7、12、13.盆（章毛乌素F1：4，胡李家T1②：1，
庙底沟H11：75，章毛乌素F1：4，胡李家T1②：1，
H14：2）
2、8、20.罐（章毛乌素F1：2，庙
底沟H322：66，蝴蝶山T1③：47）
3、10、14、16、22.钵（章毛乌素
F1：6，大地湾T1③：1，胡李家
T1004②B：3，城头山H210：3，西
水泉H4：2）
4、9、11.瓶（庙底沟T203：43，大
地湾F2：14，QD0：19）
5.盆（庙底沟H12：112）
6.灶（庙底沟H47：34）
15、23、27.鼎（城头山M665：2，
大汶口M1013：5，崧泽M10：3）
17、24、28.豆（城头山M678：4，
大汶口M2005：49，崧泽M30：4）
18、25.杯（城头山M679：3，大汶
口M2002：8）
19.简形罐（西水泉F13：31）
21、26、29.壶（西水泉H2：21，
大汶口M1013：2，崧泽M30：3）
（均为陶器）

图 43　庙底沟时代"早期中国"三层次文化结构图（公元前 6000～前 5500 年）

著，表明中国大部地区社会已经普遍复杂化到了相当程度，进入邦国林立的"古国"阶段[65]，是中华文明形成的关键时期。但各地区之间并不平衡。浙江余杭良渚古城外城600多万平方米，高台"宫城"30万平方米，还有大型水利工程、大型宫殿、豪华墓葬[66]；甘肃庆阳南佐聚落面积600万平方米左右，九处夯土台围绕的核心区也有约30万平方米，还有中轴对称的大型宫殿、多重夯筑加固的大型环壕[67]。这两个遗址是当时中国最大、最复杂的超级中心聚落，是中华五千年文明的明确见证。距今4700多年以后，黄土高原地区遗址急剧增多，北方长城沿线突然涌现出许多军事性质突出的石城，同时在黄土高原文化的强烈影响下，内蒙古中南部、河北大部和河南中部等地的文化格局发生突变，从此以后黄土高原地区就初步成为早期中国大部地区的中心[68]。

距今4100年左右的青铜时代早期，黄河流域龙山文化大规模南下豫南和长江中游地区，使得范围广大的石家河文化区剧变为王湾三期文化和肖家屋脊文化，很可能对应古史上的"禹伐三苗"事件[69]，随后夏王朝诞生。夏代初年的版图也就很可能不但涵盖黄河流域，还包括原"三苗"之地豫南和长江中游地区，甚至长江上游、下游和西辽河流域大部，也就基本对应《禹贡》

65　苏秉琦曾提出"古国—方国—帝国"的文明演进之路（苏秉琦：《迎接中国考古学的新世纪》，《华人·龙的传人·中国人——考古寻根记》，辽宁大学出版社，1994年），严文明称其为"古国—王国—帝国"（严文明：《黄河流域文明的发祥与发展》，《华夏考古》1997年第1期），王震中修正为"邦国—王国—帝国"（王震中：《邦国、王国与帝国：先秦国家形态的演进》，《河南大学学报（社会科学版）》2003年第4期）。

66　浙江省文物考古研究所：《良渚古城综合研究报告》，文物出版社，2019年。

67　李小龙、杨林旭、张小宁等：《甘肃南佐遗址发现仰韶大型环壕聚落》，《中国文物报》2022年2月11日，第8版。

68　韩建业：《中国北方早期石城兴起的历史背景——涿鹿之战再探索》，《考古与文物》2022年第2期。

69　杨新改、韩建业：《禹征三苗探索》，《中原文物》1995年第2期。

70　朱渊清：《禹画九州论》，《古代文明（第5卷）》，文物出版社，2006年；韩建业：《龙山时代的文化巨变和传说时代的部族战争》，《社会科学》2020年第1期；韩建业：《从考古发现看夏朝初年的疆域》，《中华读书报》2021年6月30日。

"九州"之地[70]。这个时期中原不但是文化上"早期中国"的中心，也成为初步"大一统"的夏代"天下"之政治中心[71]。中华文明从此进入"王国"时代或者成熟文明社会阶段。约距今3800年以后以偃师二里头为都城的晚期夏王朝阶段，以及商、周王朝时期，中原的中心地位更加稳固并长期延续。

四、"天下文明"模式

总结起来看，早期中国大部地区共有"一元"的宇宙观、伦理观、历史观等核心思想观念，也有共同的文化基因，存在"多支"文化系统和多种文明起源子模式，交融形成以黄河—长江—西辽河流域为主体的、以黄河中游（或中原地区）为中心的、多层次的"一体"文化格局。这样一个萌芽于8000年前、形成于6000年前的超稳定的"重瓣花朵式"文化格局，也就是"早期中国文化圈"或者"文化上的早期中国"，后世则发展为"文化上的中国"。"文化上的中国"是"政治上的中国"分裂时向往统一、统一时维护统一的重要基础，一定程度上和"中华文明"具有对等性。

"文化上的中国"或"中华文明"有其独特性。西亚8000多年以来也有发达而颇具共性的文化，但宇宙观是"多元"的，各城邦各为其主、各有其神，缺乏稳定的中心，苏美尔的王权只是城邦王权或者小王权，可称"城邦文明"模式。埃及距今5000年前以后的文化高度统一，缺乏分支文化系统，法老对尼罗河广大地区拥有广幅王权或者大王权，可称"埃及文明"模式[72]。"城邦文明"模式从根源上讲不是一种可以自然趋于"一体"或"一统"的文明模式，只能通过军事征服建立"帝国文明"，但"帝国文

71　王震中：《夏代"复合型"国家形态简论》，《文史哲》2010年第1期。

72　布鲁斯·G·崔格尔等将西亚、希腊等地的早期国家称之为"城邦国家（city-states）"，将埃及这样的早期国家称之为"领土国家（territorial states）"。（[加]布鲁斯·G·崔格尔著，徐坚译：《理解早期文明：比较研究》，北京大学出版社，2014年，第69页。）

明"由于缺乏深层的统一基础而很容易崩溃。"埃及文明"本质上就是"一体"或"一统"程度很高的文明模式，但因缺乏分支文化系统和社会子模式的多样性而少了许多变通而长存的可能性。只有"一元多支一体"格局的"文化上的中国"或者中华文明，本质上趋向"一体""一统"而又包含多种发展变化的可能性，既长期延续主流传统又开放包容，是一种超稳定的巨文化结构。这个"一元多支一体"格局和文献记载的夏商周时期圈层结构的畿服制"天下"格局吻合[73]，与此相适应的文明起源模式可称之为"天下文明"模式。

早期中国的"一元多支一体"格局或"天下文明"模式，从根本上与中国相对独立又广大多样的地理环境有关。"相对独立"既决定了早期中国文化的独特性和"一体"性，也决定了其"开放性"，使其有机会不断吸收新鲜血液发展自身；"广大多样"既保证了一个伟大文明必须具备的足够大的地理空间，也使中国文化具有"多支"系统，拥有变革的多种可能性，决定了中华文明强大的可持续发展能力。中国还有世界上最广大、最深厚的黄土等土壤堆积区，大部地区尤其是黄河、长江流域位于适合种植谷物、发展农业的中纬度地区，所以8000年前就形成了具有互补性的"南稻北粟"农业体系，为中华文明奠定了坚实根基。黄河中游地区水热条件适中能长期持续发展农业，地理位置居中便于文化的吸纳与辐射，因此才有条件成为"文化上早期中国"的中心。早期中国早熟而强大的农业体系，必然需要精准的农时而催生出早熟的天文学和敬天观，也必然需要超稳定的社会结构而产生祖先崇拜，"天圆地方""天人合一"的宇宙观自然是"一元"而非"多元"。

---

73 《尚书·禹贡》载夏禹划分九州并实行甸、侯、绥、要、荒五服制；《尚书·酒诰》记载商代有内、外服制："越在外服，侯、甸、男、卫邦伯，越在内服，百僚庶尹惟亚惟服宗工……"孔安国传，孔颖达疏：《尚书正义》，《十三经注疏》（标点本），北京大学出版社，1999年，第378页。《国语·周语上》记载周代也是五服制："邦内甸服，邦外侯服。侯、卫宾服，蛮夷要服，戎狄荒服。"徐元诰：《国语集解》，中华书局，2002年，第6~7页。

文化上和政治上早期中国的起源与形成

　　要理清中国的起源这个重要问题，首先得弄清"中国"一词的内涵。多数时候我们说的"中国"是中华人民共和国的简称，是政治意义上的中国。有时候说的"中国"是"中国（中华）文明""中国（中华）民族"等语境里的中国，是文化意义上的中国。政治上的中国指囊括现在中国全部或大部疆域在内的统一国家，文化上的中国则是由中国全部或大部地域内相似文化组成的共同体，也可称之为"中国文化圈"。虽然文化上和政治上中国内部单元的划分并不完全一样，但总体都具有统一性特征，其地理空间也基本一致。从历史上来看，政治上的中国分分合合，而文化上的中国却始终只有一个且持续稳定发展。可以说文化上的中国是政治上的中国分裂时向往统一、统一时维护和强化统一的重要基础。

　　文化上和政治上的中国，都至少可以前溯到秦汉时期，这是没有多大问题的。再向前溯源就有了不同认识。20世纪八九十年代严文明提出的"重瓣花朵式"史前中国文化格局[1]，张光直提出的"中国相互作用圈"或"最初的中国"[2]，苏秉琦提出的"共识的中国"[3]，都明确将文化上的中国

1　严文明：《中国史前文化的统一性与多样性》，《文物》1987年第3期。

2　张光直：《中国相互作用圈与文明的形成》，《庆祝苏秉琦考古五十五年论文集》，文物出版社，1989年，第6页。

3　苏秉琦：《中国文明起源新探》，生活·读书·新知三联书店，1999年，第161~162页。

追溯到史前时期。21世纪之后我们有接续性的研究，提出了文化上的早期中国或早期中国文化圈的概念[4]，还就相关问题展开了热烈的讨论[5]。政治上的最早中国，有西周[6]、夏代晚期的二里头[7]、早于夏代的陶寺[8]等各种不同观点，有人甚至提出最早中国须从轩辕黄帝算起[9]。现在看来，无论是文化上还是政治上的早期中国，其起源形成过程、空间范围结构、表现特征等，仍有进一步探讨的必要。

一、文化上早期中国的起源

文化上的早期中国，指秦汉以前中国大部地区文化彼此交融联系而形成的相对的文化共同体，也可称早期中国文化圈。从对考古材料的分析来看，她的起源可以追溯到距今8000多年前的新石器时代中期。

中国各区域文化的交流融合在旧石器时代即已开端。距今约1万多年前进入新石器时代后文化的交流更加明显起来，在中国中东部地区形成五大文化系统，彼此之间已经存在一些联系。距今8000多年后文化交流加速，中国大部地区整合成四个文化系统，且各文化系统之间开始接触融合：长江下游上山文化的陶壶等泥质陶器可能启发了裴李岗文化泥质陶的出现，

4 韩建业：《中国北方地区新石器时代文化研究》，文物出版社，2003年，第268页；韩建业：《早期中国——中国文化圈的形成和发展》，上海古籍出版社，2015年。

5 张致政、程鹏飞、褚旭等：《文化上"早期中国"的形成和发展学术研讨会纪要》，《南方文物》2011年第4期；李新伟：《"最初的中国"之考古学认定》，《考古》2016年第3期；徐良高、周广明：《当代民族国家史的构建与"最初的中国"之说》，《南方文物》2016年第4期；张国硕：《也谈"最早的中国"》，《中原文物》2019年第5期。

6 李零：《禹步探原——从"大禹治水"想起的》，《书城》2005年第3期。

7 许宏：《最早的中国》，科学出版社，2009年，第226～229页；杜金鹏：《"最早中国"之我见》，《南方文物》2019年第6期。

8 何驽：《最初"中国"的考古探索简析》，《早期中国研究（第1辑）》，文物出版社，2013年。

9 孙庆伟：《"最早的中国"新解》，《中原文物》2019年第5期。

裴李岗文化人群的西进催生了渭水和汉水上游地区白家文化的诞生，裴李岗文化向北对华北的磁山文化、向南对长江中游的彭头山文化都有影响[10]。正是在中原地区裴李岗文化的纽带作用下，四个文化系统初步联结为一个相对的文化共同体，从而有了早期中国文化圈或文化上早期中国的起源。

令人称奇是，在裴李岗时代形成的雏形的文化上早期中国范围内，已经出现了共有的"一元"宇宙观、伦理观、历史观，诞生了"敬天法祖"信仰，孕育了整体思维、天人合一、追求秩序、稳定内敛等文化基因。中华先民的"一元"宇宙观即"天圆地方"观和敬天观，体现在八角形纹[11]、龙凤纹[12]及其祀天仪式[13]、含石子龟甲[14]、八卦符号[15]及其数卜龟占行为，

10　韩建业：《裴李岗文化的迁徙影响与早期中国文化圈的雏形》，《中原文物》2009年第2期。

11　湖南洪江高庙遗址白陶祭器上面的八角形纹可能表达"天圆地方"观。贺刚：《湘西史前遗存与中国古史传说》，岳麓书社，2013年，第342～345页；湖南省文物考古研究所：《洪江高庙》，科学出版社，2022年，第1284页。

12　高庙遗址白陶上的大口獠牙双翼飞龙纹、双翼飞凤纹、"天梯"纹当与"通天"观念有关，遗址大型祭坛上的"排架式梯状建筑"或者"通天神庙"遗迹，瘗埋有焚烧过的动物骨骼的祭祀坑等，是当时存在祀天仪式和敬天信仰的表现。类似高庙文化的龙形象，还见于同时期西辽河流域的兴隆洼文化，比如辽宁阜新塔尺营子遗址的大口獠牙龙纹石牌（滕铭予、吉迪、苏军强等：《2015年辽宁省阜新蒙古族自治县塔尺营子遗址试掘报告》，《边疆考古研究》（第25辑），科学出版社，2019年），阜新查海遗址的堆塑石龙（辽宁省文物考古研究所：《查海——新石器时代聚落遗址发掘报告》，文物出版社，2012年）。

13　韩建业：《中国新石器时代的祀天遗存和敬天观念——以高庙、牛河梁、凌家滩遗址为中心》，《江汉考古》2021年第6期。

14　贾湖墓葬中随葬有内含石子的龟甲，有的龟甲上还刻有可能表示占卜结果的字符，应当是八卦类龟占数卜工具。河南省文物考古研究所：《舞阳贾湖》，科学出版社，1999年；宋会群、张居中：《龟象与数卜：从贾湖遗址的"龟腹石子"论象数思维的源流》，《大易集述：第三届海峡两岸周易学术研讨会论文集》，巴蜀书社，1998年。

15　在长江下游浙江义乌桥头遗址上山文化陶器上，发现了六画一组的八卦类卦画符号；在萧山跨湖桥遗址跨湖桥文化的角器、木器上，发现了六画一组的八卦类数字卦象符号，这些与同时期贾湖的数卜当属一个传统。国家文物局主编：《浙江义乌桥头新石器时代遗址》，《2019中国重要考古发现》，文物出版社，2020年；王长丰、张居中、蒋乐平：《浙江跨湖桥遗址所出刻划符号试析》，《东南文化》2008年第1期。

骨"规矩"、律管及其观象授时行为[16]等方面。"一元"伦理观和历史观，是指重视亲情、崇拜祖先、牢记历史的观念，集中体现在"入土为安"的"族葬"习俗中[17]。这些中华文明原创思想的集中涌现，表明今年8000多年前已经迈开了中华文明起源的第一步[18]。

古史传说里中华民族最早的先祖是"三皇"中的伏羲、女娲，事迹见诸东周两汉及以后的文献中，如伏羲作八卦[19]、观象授时[20]和女娲补天[21]等。距今8000多年前长江、黄河流域八卦符号、骨规矩形器等的发现，提醒我们有关伏羲、女娲的传说可能并非子虚乌有。

二、文化上早期中国的形成

约距今7000年进入新石器时代晚期即仰韶文化时期后，区域文化之间的交流融合趋势显著加快，进一步整合形成黄河流域、长江流域—华南、东北三大文化区或文化系统。约距今6000年前后，中原核心区的仰韶文化东庄—庙底沟类型从晋南—豫西—关中东部核心区向外强力扩张影响，由此造成黄河上中游地区仰韶文化面貌空前一致的现象，而庙底沟式的花瓣纹彩陶则流播至中国大部地区：西至甘青和四川西北部，北至内

16　贾湖与龟甲经常一起出土的骨"规矩"，可能是规划天地、观象授时的工具（王楠、胡安华：《印证神话传说：贾湖遗址发现骨制"规矩"》，《中国城市报》2019年7月22日，第13版）；骨笛被认为是天文学仪器"律管"（冯时：《中国天文考古学》，社会科学文献出版社，2001年，第195～197页）。

17　韩建业：《裴李岗时代的"族葬"与祖先崇拜》，《华夏考古》2021年第2期。

18　韩建业：《裴李岗时代与中国文明起源》，《江汉考古》2021年第1期。

19　《周易·系辞下》："古者包牺氏之王天下也，仰则观象于天，俯则观法于地，观鸟兽之文，与地之宜。近取诸身，远取诸物。于是始作八卦，以通神明之德，以类万物之情。"

20　《周髀算经》："古者包牺立周天历度。"

21　《天问》："女娲有体，孰制匠之？"《列子·汤问》："天地亦物也。物有不足，故昔者女娲氏炼五色石以补其阙。"

蒙古中南部，东北至西辽河流域，东达海岱、江淮，南达江湘。这就导致此前的三大文化区或文化系统的格局大为改观，中国大部地区文化交融联系成一个以中原为中心的三层次的超级文化圈。与此同时，长江中下游地区的陶圈足盘和玉石钺等器类也流播到黄河中下游、珠江三角洲地区，甚至已经越过海峡到达台湾岛。此外，先前已有的宇宙观、伦理观、历史观和知识系统在庙底沟时代得到继承发展。

由于这个超级文化圈的空间范围涵盖后世中国主体区域，三层次空间结构和夏商周时期的畿服类圈层政治结构有相近之处，"敬天法祖"等宇宙观、伦理观和历史观延续到后世中国，因此可以说文化上的早期中国或"早期中国文化圈"正式形成[22]。

庙底沟时代恰好也是社会复杂化程度加剧的时期。此时晋、陕、豫中原核心地区聚落数量激增，出现数十万甚至超百万平方米的中心聚落，有了数百平方米的宫殿式建筑[23]。在庙底沟类型的影响刺激下，黄河下游、长江中下游和西辽河流域都普遍出现社会变革。江淮地区凌家滩遗址仅一座墓葬随葬玉器就达200件之多[24]，西辽河流域的红山文化出现规模宏大的牛河梁大型祭祀中心[25]。这些大型聚落、大型祭祀中心、大型建筑、大型墓葬的出现，表明当时已迈开了中华文明起源的第二步[26]。

22 韩建业：《庙底沟时代与"早期中国"》，《考古》2012年第3期。

23 河南省文物考古研究所、中国社会科学院考古研究所河南一队、三门峡市文物考古研究所等：《河南灵宝西坡遗址105号仰韶文化房址》，《文物》2003年第8期；中国社会科学院考古研究所河南一队、河南省文物考古研究所、三门峡市文物考古研究所等：《河南灵宝市西坡遗址发现一座仰韶文化中期特大房址》，《考古》2005年第3期。

24 安徽省文物考古研究所：《安徽含山县凌家滩遗址第五次发掘的新发现》，《考古》2008年第3期。

25 辽宁省文物考古研究所：《牛河梁——红山文化遗址发掘报告（1983~2003年度）》，文物出版社，2012年，第469~479页。

26 苏秉琦：《迎接中国考古学的新世纪》，《华人·龙的传人·中国人——考古寻根记》，辽宁大学出版社，1994年，第238页；韩建业：《中华文明的起源和形成》，《中华民族共同体研究》2022年第4期。

三、政治上早期中国的起源

政治上的早期中国，指秦汉以前囊括中国大部地区的统一国家，其起源自然就与中国早期国家的形成相关。恩格斯提出的国家的标志[27]，一是"按地区来划分它的国民"，就是主要根据地缘关系而非血缘关系来组织社会；二是"公共权力的设立"，集中体现在凌驾于社会之上的"王权"方面。以此衡量，距今5100年左右至少在黄河中游和长江下游地区已经出现区域王权和地缘关系，达到了早期国家标准，其他区域社会也迈进或者即将迈进国家社会的门槛，而社会剧烈分化的过程至少要从大约距今5300年前开始。

大约距今5300年以后，黄河中游地区至少出现了3个区域中心。一是晋、陕、豫交界地带，在灵宝西坡遗址有了高级别的贵族墓地[28]。二是郑洛地区出现有宫殿式建筑的面积100多万平方米的巩义双槐树中心聚落[29]。三是在陇山西侧出现100多万平方米的甘肃秦安大地湾中心聚落，有了420多平方米的宫殿式建筑[30]。距今5100年左右进入铜石并用时代以后，在陇山以东出现了面积至少600万平方米的庆阳南佐都邑聚落[31]。该聚落中部是由9座大型夯土台及其内外环壕围成的面积30多万平方米的核心区，核心区中央有上万平方米的带有夯土围墙和护城河的

27 [德]弗里德里希·恩格斯：《家庭、私有制和国家的起源》，《马克思恩格斯全集（第2版）》（第21卷），人民出版社，2021年，第194~195页。

28 中国社会科学院考古研究所、河南省文物考古研究所：《灵宝西坡墓地》，文物出版社，2010年。

29 郑州市文物考古研究院：《河南巩义市双槐树新石器时代遗址》，《考古》2021年第7期。

30 甘肃省文物考古研究所：《秦安大地湾——新石器时代遗址发掘报告》，文物出版社，2006年。

31 韩建业、李小龙、张小宁等：《甘肃庆阳市南佐遗址》，《考古中国重大项目成果（2021）》，文物出版社，2022年；韩建业：《南佐"古国"：黄土高原上最早的国家》，《光明日报》2023年1月8日，第12版。

宫城区，宫城中心是建筑面积700多平方米的坐北朝南的主殿。所有建设工程可能需要数千人工作至少两三年时间，需要组织周围广大地区的大量人力物力来完成，一定程度上凸显了区域王权和地缘关系，意味着早期国家的出现。南佐的白陶、黑陶等特殊物品罕见且精美，应当是高水平专业工匠的产品，白陶、朱砂陶、绿松石饰品等的原料和大量水稻可能来自国家控制下的远距离贸易。

距今5300年左右在长江下游兴起良渚文化，约距今5100年良渚聚落初具规模，并形成以良渚聚落为中心的早期国家或者"古国"。良渚聚落有近300万平方米的内城、630万平方米的外城，有水坝、长堤、沟壕等大规模水利设施。内城中部有30万平方米的人工堆筑的"台城"，上有大型宫殿式建筑[32]。城内有级别很高的反山墓地，发现了随葬600多件玉器的豪华墓葬[33]。在良渚古城周围约50平方千米的区域内，分布着300多处祭坛、墓地、居址、作坊等，可以分成三四个明显的级别[34]。良渚诸多大规模工程的建造、玉器等物品的制造、大量粮食的生产储备，都需调动大量人力物力，神徽、鸟纹、龙首形纹的普遍发现可能意味着整个太湖周围良渚文化区已出现统一的权力[35]和高度一致的原始宗教信仰体系，存在一种对整个社会的控制网络[36]。此外，距今5000年左右海岱地区大汶口文化墓葬棺椁成套、分化程度更甚，长江中游的屈家岭文化古城林立，其中最大的石家河城面积达两三百万平方米[37]。

32　浙江省文物考古研究所：《良渚古城综合研究报告》，文物出版社，2019年。

33　浙江省文物考古研究所：《反山》，文物出版社，2003年。

34　张忠培：《良渚文化墓地与其表述的文明社会》，《考古学报》2012年第4期。

35　张弛：《良渚文化大墓试析》，《考古学研究（三）》，科学出版社，1997年。

36　赵辉：《良渚文化的若干特殊性——论一处中国史前文明的衰落原因》，《良渚文化研究——纪念良渚文化发现60周年国际学术讨论会文集》，科学出版社，1999年。

37　湖北省文物考古研究院、北京大学考古文博学院、天门市博物馆：《天门石家河城址及水利系统的考古收获》，《江汉考古》2023年第1期。

距今4700多年进入庙底沟二期或者广义的龙山时代以后，黄土高原尤其是陕北地区遗址急剧增多，北方长城沿线突然涌现出许多军事性质突出的石城，同时在黄土高原文化的强烈影响下，内蒙古中南部、河北大部和河南中部等地的文化格局发生突变。这一系列现象应当是以黄土高原人群为胜利方的大规模战争事件的结果，很可能与文献记载中轩辕黄帝击杀蚩尤的涿鹿之战有关[38]。

我们看到，距今5100年左右形成的早期国家还限制在黄土高原和太湖周围这样的局部地区，当时的国家形式只是拥有区域王权的"古国"或"邦国"[39]。而萌芽状态的"天下王权"，应当出现于"涿鹿之战"之后。按照《史记·五帝本纪》等文献的记载，轩辕黄帝征途所至，东至海岱、西至陇东、南达江湘、北到华北，当时还设官监国、诸侯来朝，俨然是"大一统"的气象。这可能有夸张的一面。但从考古发现看，距今4700多年黄土高原的对外扩张影响很显著，至少黄河流域可能一度实现以黄土高原为重心的原初的"一统"，长江流域很可能也受其节制，说明文献记载有真实历史背景。因此，政治上中国的起源当在距今4700多年的庙底沟二期之初或者传说中的轩辕黄帝之时。

此时已经形成的文化上的早期中国继续发展壮大，最重要的表现是马家窑文化向西向南的扩展。马家窑文化本身是仰韶文化拓展到甘青地区后与当地文化融合的产物，马家窑文化的人群距今5000年左右向西南拓展至青海中部甚至踏上青藏高原东南部，与当地文化融合形成具有特色的卡若文化等，为青藏高原带去了黍、粟作物种植；西向则已经延伸到河西走廊中西部。

38　韩建业：《中国北方早期石城兴起的历史背景——涿鹿之战再探索》，《考古与文物》2022年第2期。

39　苏秉琦：《迎接中国考古学的新世纪》，《华人·龙的传人·中国人——考古寻根记》，辽宁大学出版社，1994年；严文明：《黄河流域文明的发祥与发展》，《华夏考古》1997年第1期；王震中：《邦国、王国与帝国：先秦国家形态的演进》，《河南大学学报（社会科学版）》2003年第4期。

四、政治上早期中国的形成

政治上早期中国的形成，当以距今4100年以后初步"大一统"国家夏的最早出现为标志。而这种一统的整合趋势在距今4500年左右进入狭义龙山时代后明显加快了节奏。

约距今4500年，在晋南出现了近300万平方米的襄汾陶寺都邑聚落，包含宫城、大墓和"观象台"等[40]。同时或略晚在陕北出现有宫殿建筑的延安芦山峁遗址[41]，约距今4300年在陕北出现规模达400万平方米的神木石峁石城[42]。在河南的王湾三期文化、造律台文化和海岱地区的龙山文化当中，也发现多个数万到数十万平方米的古城。陶寺都邑的玉器、美陶等很多与礼仪相关的文化因素来自于海岱地区的大汶口文化晚期和良渚文化晚期，玉器又通过陶寺流播到芦山峁、石峁，甚至甘青和宁夏南部地区的菜园文化、齐家文化早中期，这些玉器的流播范围有可能与政治控制相关，当时可能存在一个以陶寺为都邑的早期国家，统治范围至少及于黄河流域。与此同时，长江中游地区屈家岭文化修建的多个古城仍然存在，上游地区的宝墩文化也发现多个古城，下游地区的良渚文化进入没落阶段。

40 中国社会科学院考古研究所、山西省临汾市文物局：《襄汾陶寺——1978~1985年发掘报告》，文物出版社，2015年；中国社会科学院考古研究所山西队、山西省考古研究所、临汾市文物局：《山西襄汾县陶寺中期城址大型建筑ⅡFJT1基址2004~2005年发掘简报》，《考古》2007年第4期；中国社会科学院考古研究所山西队、山西省考古研究所、临汾市文物局：《山西襄汾县陶寺城址发现陶寺文化中期大型夯土建筑基址》，《考古》2008年第3期。

41 陕西省考古研究院、西北大学文化遗产学院、延安市文物研究所等：《陕西延安市芦山峁新石器时代遗址》，《考古》2019年第7期。

42 陕西省考古研究院、榆林市文物考古勘探工作队、神木县文体局：《陕西神木县石峁遗址》，《考古》2013年第7期；陕西省考古研究院、榆林市文物考古勘探工作队、神木县文体广电局等：《发现石峁古城》，文物出版社，2016年；陕西省考古研究院、榆林市文物考古勘探工作队、神木县石峁遗址管理处：《陕西神木县石峁城址皇城台地点》，《考古》2017年第7期；陕西省考古研究院、榆林市文物考古勘探工作队、神木市石峁遗址管理处：《石峁遗址皇城台地点2016~2019年度考古新发现》，《考古与文物》2020年第4期。

长江流域文化总体上和黄河流域差别比较明显，尤其长江中游与祭祀相关的陶套缸遗迹、数以十万计的红陶杯和红陶塑等，有着浓厚地方特色，推测和黄河流域属于不同的政治实体。

约距今4100年进入龙山后期，中原龙山文化大规模南下豫南和江汉两湖地区，很可能对应古史上的"禹征三苗"事件[43]，随即夏王朝诞生。通过"禹征三苗"至少已将长江中游纳入夏朝版图，因此，《尚书·禹贡》等记载的夏禹划分的"九州"很可能有真实历史背景[44]。从这个意义上来说，夏朝初年夏王已经初步具有"王天下"的"大一统"政治王权[45]。文献记载夏朝统治集团除夏后氏外还有许多其他族氏，亲缘与地缘（政治）关系得以紧密结合[46]，夏朝"九州"疆域更是统一天下的结果，政治上的早期中国就算正式形成。此后的商、周王朝时期政治上早期中国得到进一步发展。

夏朝建立的时候，通过进一步的文化交融，文化上早期中国的范围西到新疆，西南到西藏、云南，南至两广，东南至包括台湾在内的沿海地区，东达山东半岛，东北达黑龙江地区，北部涵盖整个内蒙古中南部甚至更远，远大于秦汉以来大部分政治王朝的疆域，和清代鸦片战争前的疆域或现在的中国疆域比较接近。不仅如此，由于各区域文化要素的互相交融，源自中原的炊器鼎，源自东方的饮食器豆、圈足盘和酒器鬶、盉，源自华北的炊器斝、鬲，源自西方兴于中原的青铜器技术等，已经遍见于中

43　杨新改、韩建业：《禹征三苗探索》，《中原文物》1995年第2期。

44　韩建业：《龙山时代的文化巨变和传说时代的部族战争》，《社会科学》2020年第1期；韩建业：《从考古发现看夏朝初年的疆域》，《中华读书报》2021年6月30日，第542期。

45　王震中所说夏商周时期的"复合制王朝国家"，实质就是"大一统"政治中国的早期阶段。王震中：《夏代"复合型"国家形态简论》，《文史哲》2010年第1期；王震中：《中国王权的诞生——兼论王权与夏商西周复合制国家结构之关系》，《中国社会科学》2016年第6期。

46　张光直：《从商周青铜器谈文明与国家的起源》，《中国青铜时代》，生活·读书·新知三联书店，1999年，第471页；沈长云：《夏朝的建立与其早期国家形态》，《齐鲁学刊》2022年第1期。

国大部地区，形成我中有你、你中有我的局面。

五、结语

文化上的早期中国起源和形成的两个关键节点，分别是距今8000多年前和距今6000年左右。政治上的早期中国则起源于距今4700多年，可能对应传说中的轩辕黄帝时期，形成于距今4000年左右夏朝的建立。无论是文化上还是政治上的早期中国，都涵盖了中国大部地区，彼此具有很大的相关性。

再进一步来说，文化上的早期中国具有"一元"的宇宙观、伦理观和历史观，形成了有中心的"多支一体"的圈层结构，政治上的早期中国则具有"大一统"特征。"一元"宇宙观和相对独立的地理格局[47]，很大程度上决定了文化上中国的趋于"一体"和政治上中国的趋于"一统"，地理环境的广大多样性特征和文化上的"多支"又包含多种发展变化的可能性，既长期延续主流传统又开放包容，是一种超稳定文化结构，早期中华文明因此可称之为"天下文明"模式，以区别于两河流域的"城邦文明"模式和尼罗河流域的"埃及文明"模式。"天下文明"模式，以及敬天法祖、诚信仁爱、和合大同等文化基因，是中华文明跌宕起伏而仍能连续发展的根本原因。

47　严文明：《中国史前文化的统一性与多样性》，《文物》1987年第3期。

先秦考古实证中华文明突出特性

中华文明指中华民族进入国家社会以后所拥有的物质、精神和制度创造的综合实体，她起源于距今8000多年，形成于距今5000多年，并发展延续至今。新石器时代和夏商周时期的大量考古学资料，足以证实中华文明早在起源、形成和早期发展阶段，就已经具有突出的连续性、创新性、统一性、包容性、和平性。认识中华文明的突出特性必须追溯其源、究其根本，只有这样才能看清中华文明的历史发展脉络，才能建立更加深厚坚实的文化自信，从而为建设中华民族现代文明提供更有价值的借鉴。

一、中华文明是唯一一个延续五千多年并发展至今的原生文明

人类历史上有过很多文明，但原生文明仅有亚欧大陆的中华文明、古西亚文明、古埃及文明以及中美洲文明[1]。中美洲文明从距今3000多年前开始形成，公元15世纪后被摧毁。亚欧大陆的三大原生文明都形成于大约距今5100年前，但古西亚文明和古埃及文明在延续3000多年以后消失了，只有中华文明是连续发展至今的"活文明"。

中华文明起源、形成和发展过程完整连续。中华文明的根基在旧石器

1　严文明认为古印度河文明是古西亚文明的伴生文明，参见《中国文明起源的探索》，《文物研究（第12辑）》，黄山书社，2000年。

时代，至距今8000多年的新石器时代中期，黄河、长江、西辽河流域产生较为复杂的宇宙观、伦理观、历史观和知识系统，进入中华文明起源的第一阶段[2]。距今6000年以后社会的复杂化程度加剧，中华文明起源进入第二阶段[3]。距今5100年前后，出现浙江余杭良渚、甘肃庆阳南佐等超大型都邑性聚落[4]，形成区域王权和地缘关系社会组织，出现区域性原生国家，中华文明正式形成，进入"古国文明"阶段[5]。约距今4000年，从夏代开始进入"王国文明"阶段，秦汉以后发展到中央集权郡县制阶段，历经各个朝代直到现代中国。

中华民族的宇宙观、伦理观和历史观从8000年前传承至今。距今8000年前后，在浙江义乌桥头、河南舞阳贾湖、湖南洪江高庙、浙江萧山跨湖桥、甘肃秦安大地湾、辽宁阜新查海等遗址发现八角形纹、龙凤图案、八卦符号，以及含石子龟甲、骨"规矩"、骨律管（骨笛）等[6]，表明当时已经

2 苏秉琦：《文明发端 玉龙故乡——谈查海遗址》，《华人·龙的传人·中国人——考古寻根记》，辽宁大学出版社，1994年；韩建业：《裴李岗时代与中国文明起源》，《江汉考古》2021年第1期。

3 韩建业：《中华文明的起源和形成》，《中华民族共同体研究》2022年第4期。

4 浙江省文物考古研究所：《良渚古城综合研究报告》，文物出版社，2019年；甘肃省文物考古研究所、中国人民大学历史学院、西北工业大学文化遗产研究院等：《甘肃庆阳市南佐新石器时代遗址》，《考古》2023年第7期。

5 苏秉琦：《迎接中国考古学的新世纪》，《华人·龙的传人·中国人——考古寻根记》，辽宁大学出版社，1994年；严文明：《黄河流域文明的发祥与发展》，《华夏考古》1997年第1期；王巍、赵辉：《"中华文明探源工程"及其主要收获》，《中国史研究》2022年第4期；韩建业：《中华文明的突出特性贯穿古今且相互联系》，《中国社会科学报》2023年6月13日，第A03版。

6 参见《浙江义乌桥头新石器时代遗址》，《2019中国重要考古发现》，文物出版社，2020年；河南省文物考古研究所：《舞阳贾湖》，科学出版社，1999年；湖南省文物考古研究所：《洪江高庙》，科学出版社，2022年；浙江省文物考古研究所、萧山博物馆：《跨湖桥》，文物出版社，2004年；甘肃省文物考古研究所：《秦安大地湾——新石器时代遗址发掘报告》，文物出版社，2006年；辽宁省文物考古研究所：《查海——新石器时代聚落遗址发掘报告》，文物出版社，2012年。

形成"天圆地方"宇宙观和敬天观，出现观象授时、象数龟占和祀天仪式[7]。河南新郑裴李岗、郏县水泉以及甘肃秦安大地湾等遗址的土葬"族葬"习俗[8]，则是重视亲情、崇拜祖先、牢记历史的伦理观、历史观的体现[9]。之后以"敬天法祖"为核心的思想观念及其物化形式长期延续，比如最早出现在湖南洪江高庙、辽宁阜新塔尺西沟等遗址的大口獠牙的龙面纹饰[10]，流行于四五千年前的浙江余杭良渚、陕西神木石峁、湖北天门石家河等大型聚落[11]，并发展为商周青铜器上的兽面纹或饕餮纹（图44）。祀天、敬天传统长期传承下来，发展为当下对自然的敬畏之心，而祖先崇拜、亲情伦理观念则积淀出仁善、和睦等文化基因。

中华文明物质和制度创造长期延续。物质创造方面，至少距今七八千年前就已出现榫卯木结构建筑技术，至少五六千年前出现夯土建筑技术、丝织品、漆器等，都成为延续至今的中国特色文化的重要组成部分。万年前源自中国的稻、粟、黍等农作物，至今仍是中国人的主食，且"南稻北粟"的农业格局长期延续。制度创造方面，至少夏代就

7 　冯时：《中国天文考古学》，社会科学文献出版社，2001年；宋会群、张居中：《龟象与数卜：从贾湖遗址的"龟腹石子"论象数思维的源流》，《大易集述：第三届海峡两岸周易学术研讨会论文集》，巴蜀书社，1998年；王长丰、张居中、蒋乐平：《浙江跨湖桥遗址所出刻划符号试析》，《东南文化》2008年第1期；韩建业：《中国新石器时代的祀天遗存和敬天观念——以高庙、牛河梁、凌家滩遗址为中心》，《江汉考古》2021年第6期。

8 　中国社会科学院考古研究所河南一队：《1979年裴李岗遗址发掘报告》，《考古学报》1984年第1期；中国社会科学院考古研究所河南一队：《河南郏县水泉裴李岗文化遗址》，《考古学报》1995年第1期。

9 　韩建业：《裴李岗时代的"族葬"与祖先崇拜》，《华夏考古》2021年第2期。

10 　滕铭予、吉迪、苏军强等：《2015年辽宁省阜新蒙古族自治县塔尺营子遗址试掘报告》，《边疆考古研究（第25辑）》，科学出版社，2019年。

11 　陕西省考古研究院、榆林市文物考古勘探工作队、神木县文体局：《陕西神木县石峁遗址》，《考古》2013年第7期；陕西省考古研究院、榆林市文物考古勘探工作队、神木市石峁遗址管理处：《石峁遗址皇城台地点2016～2019年度考古新发现》，《考古与文物》2020年第4期；湖北省文物考古研究所：《石家河遗址2015年发掘的主要收获》，《江汉考古》2016年第1期。

094

高庙

良渚

石峁

石家河

殷墟

图44 新石器时代至商代的龙面形象

中华文明的形成 —— 上篇

已出现有中心圈层结构的"天下"观政治模式[12]，在历代得到不同程度的继承发展。以择中立宫、中轴对称、主次分明为准则的都邑制度，从5000年前的南佐都邑延续至明清。体现礼乐制度的鼓、磬等打击乐器组合，肇始于4000多年前的山西襄汾陶寺遗址[13]，至夏商周三代逐渐成熟并长期延续；作为核心礼器的青铜鼎，贯穿夏商周三代，之后逐渐演化为鼎形祭器香炉[14]。

中华民族族群主体、语言主体和文字主体前后延续。古史传说中华民族主体有着共同的祖先，从伏羲、女娲到黄帝、炎帝、蚩尤等[15]，再到后来中华大地上的各个族群，一代代绵延至今。现代中国人多数都是5000年前中国人的后代，使用与5000年前相似的语言。黑龙江流域至蒙古高原许多遗址距今七八千年前古代人群的遗传学特征，至今常见于当地通古斯语、蒙古语等人群中[16]。黄河中上游地区新石器时代以来的早期农业人群在遗传上具有连续性，是现代汉藏语系人群共同的祖先[17]。包括台湾在内的华南地区古今人群也具有遗传连续性，现代南岛语人群直接起源于华南沿海地区，与长江下游的稻作农业文化属于同一遗传谱系[18]。四五千年

12 赵汀阳：《天下的当代性：世界秩序的实践与想象》，中信出版社，2016年，第75～80页。

13 何努：《制度文明：陶寺文化对中国文明的贡献》，《南方文物》2020年第3期。

14 刘庆柱：《中华文明五千年不断裂特点的考古学阐释》，《中国社会科学》2019年第12期。

15 蒙文通：《古史甄微》，商务印书馆，1933年；徐旭生：《中国古史的传说时代》（增订本），文物出版社，1985年；韩建业：《走近五帝时代》，文物出版社，2019年。

16 C. C. Wang et al., Genomic insights into the formation of human populations in East Asia, *Nature* Vol. 591, No. 7850, 2021, pp. 413-419.

17 M. Zhang et al., Phylogenetic evidence for Sino-Tibetan origin in northern China in the Late Neolithic, *Nature*, Vol. 569, No. 7754, 2019, pp. 112-115; C. Ning et al., Ancient genomes from northern China suggest links between subsistence changes and human migration, *Nature Communications*, Vol. 11, No. 2700, 2020, https://www.nature.com/articles/s41467-020-16557-2, 访问日期：2023年6月5日。

18 M. A. Yang et al., Ancient DNA indicates human population shifts and admixture in northern and southern China, *Science*, Vol. 369, No. 6501, 2020, pp. 282–288.

前，良渚文化、大汶口文化、龙山文化、陶寺文化等已有原始文字[19]，尤其陶寺陶器上的朱书文字已与殷墟甲骨文基本一致[20]，从甲骨文、金文发展演变到现在的汉字，之间没有任何缺环。

二、中华文明的创新发明持续不断

伟大的文明之所以长久，必然既有延续或不变的一面，也有发展或变革的一面，创新是中华文明连续发展的动力源泉。精神创造或者宇宙观、伦理观、历史观虽然也在不断发展，但传承和延续是主流，创新发明更多体现在物质和制度方面。

中国新石器时代有很多物质方面的原创性发明。中国长江流域南部地区水稻的驯化尝试，可以早到距今1.5万年以前[21]，至距今9000年前后在上山文化、裴李岗文化等已出现较多栽培稻[22]，同时在华北地区已驯化黍、粟，家猪饲养至少早到距今9000年前[23]。稻、黍、粟后来传播至亚欧大陆各地，水稻至今还养活着地球一半以上的人口。丝织品也是和养殖有关的物质发明。山西夏县西阴村遗址出土的被切割蚕茧[24]，山西夏县师

---

19 王晖：《从甲骨金文与考古资料的比较看汉字起源时代——并论良渚文化组词类陶文与汉字的起源》，《考古学报》2013年第3期。

20 冯时：《文邑考》，《考古学报》2008年第3期。

21 湖南道县玉蟾岩遗址的陶器年代集中在距今1.8万~1.7万年，最晚在距今1.5万年前后，则与其共出的水稻遗存的年代当不晚于距今1.5万年。参见张文绪、袁家荣：《湖南道县玉蟾岩古栽培稻的初步研究》，《作物学报》1998年第4期；吴小红、伊丽莎贝塔·博阿雷托、袁家荣等：《湖南道县玉蟾岩遗址早期陶器及其地层堆积的碳十四年代研究》，《南方文物》2012年第3期。

22 郑云飞、蒋乐平：《上山遗址出土的古稻遗存及其意义》，《考古》2007年第9期；赵志军、张居中：《贾湖遗址2001年度浮选结果分析报告》，《考古》2009年第8期。

23 赵志军、赵朝洪、郁金城等：《北京东胡林遗址植物遗存浮选结果及分析》，《考古》2020年第7期；罗运兵、张居中：《河南舞阳县贾湖遗址出土猪骨的再研究》，《考古》2008年第1期。

村、河北正定南杨庄等遗址出土的石蚕蛹[25]，河南巩义双槐树遗址出土的骨蚕[26]，河南荥阳汪沟遗址出土的丝织物残件，都是黄河中游地区仰韶文化中晚期出现养蚕丝织技术的明证，丝织品及其制作技术后来通过"丝绸之路"传到亚欧大陆各地。

江西万年仙人洞遗址发现的世界上最早用于炖煮食物的陶容器（釜），已有约2万年历史[27]，1万多年前陶器分布到中国中东部广大地区，而西亚最早的陶容器距今约9000年。8000多年前中原地区的裴李岗文化先民发明陶甑，可以对稻谷或粟米等进行蒸食，距今6000年以后在长江下游、黄河下游等地出现既可煮也可蒸的高效炊器陶甗[28]。煮、蒸的熟食技术，与亚欧大陆西部古老的烧烤熟食方式有很大差别。距今9000年前后上山文化的彩陶、距今7500年前后高庙文化的白陶、距今5500年左右油子岭文化的黑陶，在世界范围都是年代最早的。距今4000多年龙山文化的蛋壳黑陶最薄者仅约0.3毫米[29]，堪称世界制陶史上的奇迹。距今3800年以后的夏代晚期，在浙江和中原等地出现原始瓷[30]，后来发展出蔚为大观的瓷器文化。

石凿是中国特有的制作榫卯结构的工具，最早出现在距今9000年前后的上山、贾湖等遗址，榫卯木结构建筑（建材）在距今七八千年前的浙

24　李济：《西阴村史前的遗存》，清华学校研究院丛书第3种，1927年。

25　吉林大学考古学院、山西省考古研究院、运城市文物保护中心：《山西夏县师村新石器时代遗址2019～2020发掘收获》，《文物世界》2021年第2期；河北省文物研究所：《正定南杨庄——新石器时代遗址发掘报告》，科学出版社，2003年，第92页。

26　郑州市文物考古研究院：《河南巩义市双槐树新石器时代遗址》，《考古》2021年第7期。

27　Xiaohong Wu et al., Early Pottery at 20,000 Years Ago in Xianrendong Cave, China, Science, Vol. 336, No. 6089, 2012, pp. 1696-1700.

28　李晓杨、韩建业：《中国新石器时代陶甑、甗谱系研究》，《湖南考古辑刊（第12集）》，科学出版社，2016年。

29　中国社会科学院考古研究所：《胶县三里河》，文物出版社，1988年，第92、110、111页。

30　郑建明：《夏商原始瓷略论稿》，文物出版社，2015年，第52～115页。

江萧山跨湖桥、余姚河姆渡等遗址有明确发现[31]。此后石凿和榫卯木结构建筑在中华大地广泛分布，榫卯木结构建筑成为中国最典型的建筑形式之一。中国距今6000年前后出现夯土技术，距今5000年前后在南佐、良渚、双槐树等遗址都有大规模使用夯土技术建造房墙、砌护壕沟、铺筑广场等的实例，之后中国的城墙也基本都是夯筑。夯土是利用丰富的土壤资源就地取材、因地制宜而发明出来的、最有中国特色的墙体和基础建筑技术。

中华文明还有一些伟大的次生发明。中国青铜冶铸技术虽然可能源自西方，但陶寺和河南登封王城岗等遗址青铜容器残件的发现[32]，表明距今4000年前后中原地区已发明复合陶范铸造青铜器的技术，有别于西方和亚欧草原的石范法、失蜡法技术，晚商时期已能铸造出后母戊方鼎等重器。块炼铁技术也当源自西方，但到春秋早期中原地区已经发明生铁铸造技术[33]，战国和汉代发展出生铁韧化技术、生铁固态脱碳钢、炒钢技术和百炼钢等以生铁为本的先进钢铁冶炼技术。大量钢铁工具和武器的出现，极大地促进了生产力的发展和社会大变革。此外，新石器时代已有利用中药的证据[34]，中医药为中华民族的绵延发展作出了重大贡献。

制度创造方面，中国于距今5100年前后出现的若干"古国"，既不同于同时期苏美尔的"城邦国家"，也有别于埃及的"一统国家"，是一种以中心都邑为核心的区域性原生国家。距今4000年前后进入夏代，各区

31 浙江省文物考古研究所、萧山博物馆：《跨湖桥》，文物出版社，2004年；浙江省文物考古研究所：《河姆渡——新石器时代遗址考古发掘报告》，文物出版社，2003年。

32 高江涛、何努：《陶寺遗址出土铜器初探》，《南方文物》2014年第1期；河南省文物研究所、中国历史博物馆考古部：《登封王城岗与阳城》，文物出版社，1992年，第99~100、327~328页。

33 韩汝玢：《天马—曲村遗址出土铁器的鉴定》，《天马—曲村（1980~1989）》，科学出版社，2000年，第1178~1180页。

34 唐丽雅、杨利平、叶娃等：《古代植物的医药功能初探：以陕西高陵杨官寨遗址H85出土植物遗存为例》，《第四纪研究》2020年第2期。

域性古国被整合进"九州",初现以中原为核心的"天下王权",形成"五服"制或圈层结构政治空间[35],进入"王国"时代。西周是王国时代的极盛期,封建制度、宗法制度的创立和礼乐制度的完善,是周代祚命绵长的关键原因。秦汉以来创立中央集权郡县制,辛亥革命后建立中华民国,以至于现当代中国。在五千多年的文明发展历程中,社会形态和政治制度不断适应生产力和生产关系的发展而变革。

三、文化上和政治上的统一性由来已久

中华文明在文化上和政治上都具有突出的统一性,与古西亚、古希腊等以城邦为基础的文化和社会状况有较大差别。

距今8000多年,中国各地文化交流加速,不同文化系统之间开始接触融合:中原地区的裴李岗文化,其泥质陶的出现可能受到长江下游上山文化的启发,其人群的西进催生了渭水和汉水上游地区白家文化的诞生,裴李岗文化向北对华北地区的磁山文化、向南对长江中游的彭头山文化都有影响。以裴李岗文化为纽带,多个文化系统初步联系成为一个文化共同体,有了早期中国文化圈或文化上早期中国的萌芽[36]。距今6000年前后,仰韶文化东庄—庙底沟类型从晋南—豫西—关中东部向外强力影响,黄河上中游地区仰韶文化面貌空前一致。而庙底沟式的花瓣纹彩陶流播至中国大部分地区,西至甘青和四川西北部,北至内蒙古中南部,东北至西辽河流域,东达海岱、江淮,南达江湘,此前的三大文化区或文化系统格局大为改观,中国大部分地区文化交融联系成一个

35 《尚书·禹贡》载夏禹划分九州并实行五服制,《尚书·酒诰》记载商代有内、外服制,《国语·周语上》记周代也是五服制。孔安国传,孔颖达疏:《尚书正义》,《十三经注疏》(标点本),北京大学出版社,1999年,第378页;徐元诰:《国语集解》,中华书局,2002年,第6~7页。

36 韩建业:《裴李岗文化的迁徙影响与早期中国文化圈的雏形》,《中原文物》2009年第2期。

超级文化圈，以中原为中心，分为核心区、主体区和边缘区三个层次，其空间范围涵盖后世中国主体区域。三层次结构和夏商周时期的畿服类圈层政治空间结构有相近之处，意味着早期中国文化圈或者最早的文化上早期中国的形成[37]。到夏朝建立前后，文化上早期中国的范围已与当代中国疆域基本相当甚至更大，大于夏代以后历代王朝的统治范围。

约5100年前形成的早期国家还限制在黄土高原、太湖周围等局部地区，当时的国家形式只是拥有区域王权的"古国"或"邦国"[38]，而萌芽状态的"天下王权"应出现在"涿鹿之战"之后。《史记·五帝本纪》等记载，轩辕黄帝到过中国大部分地区，西达陇东、东到海岱、北至华北、南达江湘，当时还设官监国、诸侯来朝，很有政治一统气象。从考古发现看，距今4700多年黄土高原对外扩张影响显著，至少黄河流域可能一度实现以黄土高原为重心的原初的"一统"，长江流域可能也受其节制，说明文献记载有一定真实性[39]。因此，政治上中国的起源当在距今4700多年的庙底沟二期之初或者传说中的黄帝之时。约距今4100年，王湾三期文化等南下豫南和江汉两湖地区，造成范围广大的石家河文化灭亡，可能对应《墨子》等文献记载的"禹征三苗"事件[40]，夏王朝由此诞生。"禹征三苗"后长江中游地区已被纳入夏朝版图，因此，夏禹划分"九州"的传说应有一定历史真实性[41]。由此而言，夏初夏王已经初步具有一统政治王权[42]。文献记

37 严文明：《中国史前文化的统一性与多样性》，《文物》1987年第3期；张光直：《中国相互作用圈与文明的形成》，《庆祝苏秉琦考古五十五年论文集》，文物出版社，1989年，第6页；韩建业：《文化上和政治上早期中国的起源与形成》，《人民论坛·学术前沿》2023年第12期；韩建业：《庙底沟时代与"早期中国"》，《考古》2012年第3期。

38 苏秉琦：《迎接中国考古学的新世纪》，《华人·龙的传人·中国人——考古寻根记》，辽宁大学出版社，1994年；严文明：《黄河流域文明的发祥与发展》，《华夏考古》1997年第1期；王震中：《邦国、王国与帝国：先秦国家形态的演进》，《河南大学学报》2003年第4期。

39 韩建业：《中国北方早期石城兴起的历史背景——涿鹿之战再探索》，《考古与文物》2022年第2期。

40 杨新改、韩建业：《禹征三苗探索》，《中原文物》1995年第2期。

载夏朝统治集团除夏后氏外还有许多其他族氏，亲缘与地缘（政治）关系紧密结合[43]，夏朝"九州"疆域更是统一天下的结果，政治上的早期中国正式形成。至秦汉时形成"大一统"国家，发展为近现代意义上的统一中国。

文化上和政治上突出的统一性既是中华民族不断交往交流交融的结果，也构成中华文明连续发展的基础。这一特性植根于中国相对独立的地理环境，也是"一元"宇宙观、伦理观和历史观长期传承的必然结果[44]。

四、包容性是中华文明与生俱来的品格

中华文明突出的包容性，体现在中华文明内部多个支系文化和人群的密切交往交流交融、文明起源和形成多种路径的汇聚融合，以及对外来优秀文化的兼收并蓄。

中国地域环境广大多样，物质文化面貌多彩多姿。目前发现的史前时期考古学文化可归纳为若干文化大区或大系统，比如苏秉琦等有"六大区"说、严文明有"三系统"说[45]。中国新石器时代早、中、晚期也可分别划分出不同的支文化系统[46]。这些"多支"的文化及其人群之间的交往交流交融不断加强，在距今6000年前后形成水乳交融的"一体"局面。庙

41　韩建业：《龙山时代的文化巨变和传说时代的部族战争》，《社会科学》2020年第1期；韩建业：《从考古发现看夏朝初年的疆域》，《中华读书报》2021年6月30日。

42　王震中所说夏商周时期的"复合制王朝国家"，实质就是"大一统"政治中国的早期阶段。参见《夏代"复合型"国家形态简论》，《文史哲》2010年第1期；《中国王权的诞生——兼论王权与夏商西周复合制国家结构之关系》，《中国社会科学》2016年第6期。

43　张光直：《从商周青铜器谈文明与国家的起源》，《中国青铜时代》，生活·读书·新知三联书店，1999年，第471页；沈长云：《夏朝的建立与其早期国家形态》，《齐鲁学刊》2022年第1期。

44　韩建业：《论早期中国的"一元多支一体"格局》，《社会科学》2022年第8期。

45　苏秉琦、殷玮璋：《关于考古学文化的区系类型问题》，《文物》1981年第5期；严文明：《中国古代文化三系统说》，《丹霞集——考古学拾零》，文物出版社，2019年。

46　韩建业：《早期中国——中国文化圈的形成和发展》，上海古籍出版社，2015年，第71~72页。

底沟式的花瓣纹彩陶见于中国大部分地区，与此同时，长江下游地区的陶圈足盘和玉石钺等器类也流播到黄河中下游、珠江三角洲地区，甚至已经越过海峡到达台湾岛。距今5000年前后黄土高原上的南佐都邑遗址，出现绿松石、朱砂、白陶原料瓷石和高岭土等可能来自长江中下游、黄河下游等地的资源。距今4000多年中原地区的陶寺都邑遗址，吸收源自东方大汶口文化、良渚文化的玉石器、美陶等文化要素，并将玉器文化推广到包括陕北、甘青在内的黄土高原等地[47]。距今3800年中原地区的二里头都邑遗址，汇集本地和周边地区的玉器、陶器等要素，并将玉牙璋、陶鬶、青铜牌饰等礼仪性器物推广到中国大部分地区，体现夏王朝海纳百川、辐射四方的王者气象[48]。

中华文明起源和形成的道路或子模式各地也小有不同，可归纳为三种，即富贵并重、奢侈浪费的"东方模式"，重贵轻富、朴实执中的"北方模式"，以及居于二者之间的"中原模式"[49]。从大约距今4500年开始，陶寺大墓随葬大量高等级玉石器、彩绘陶等，已具有"东方模式"富贵并重的特点；约距今4000年以后夏商周时期大墓棺椁成套、器物成组，更是无法简单用"北方模式""中原模式"概括，三种模式逐渐融为一体。这些小有不同的社会发展子模式汇聚融合，使得中华文明稳步向前发展。

真正意义上的中西文化交流，至少5000多年前就已经开始，在中国的彩陶、黍、粟等逐步向西传播的同时，源自西亚和亚欧草原的黄牛、绵羊、山羊、小麦、青铜和块炼铁技术、马拉战车等也先后传入中国[50]。

47　韩建业：《中国西北地区先秦时期的自然环境与文化发展》，文物出版社，2008年，第147、152、193页。

48　许宏：《最早的中国》，科学出版社，2009年。

49　韩建业：《略论中国铜石并用时代社会发展的一般趋势和不同模式》，《古代文明（第2卷）》，文物出版社，2003年。

50　李水城：《西北与中原早期冶铜业的区域特征及交互作用》，《考古学报》2005年第3期；韩建业：《早期东西文化交流的三个阶段》，《考古学报》2021年第3期。

绵羊、山羊、黄牛等的传入和畜牧业的形成，一定程度上改变了黄河中游地区以粟作农业为基础的生业经济格局，极大地增强了社会适应能力，促进了陶寺、石峁、二里头、二里岗、殷墟等夏商前后大型聚落的繁荣发展。铜器尤其是青铜器技术的传入，不但提高了生产力发展水平，而且在此基础上次生发明的复合陶范铸造青铜器技术，为夏商周三代的繁荣发展起到重要作用。块炼铁技术传入中原后次生发明出以生铁为本的钢铁冶炼技术，对中国乃至世界历史有深远影响。马和马车的传入则在很大程度上改变了中国原有的交通运输和战争方式，对夏商周乃至后世中国政治一统局面的形成和发展起到积极作用。

突出的包容性就像生物的多样性一样，蕴藏着多种发展的可能性，使中华文明活力无穷。求同存异，和而不同，兼收并蓄，是"多支一体"的中华文明稳定发展、绵长延续的秘诀之一。

五、和平性融入了中华民族的血脉中

距今 8000 年前后，西辽河流域兴隆洼文化的聚落内部房屋排列整齐[51]，黄河流域裴李岗文化等的墓地内部墓葬秩序井然，可见中华文明在起源阶段就有对社会秩序和稳定的强烈追求。当然，中国各地区多支系人群和文化频繁交往交流，免不了碰撞冲突的一面，但和平发展始终是主流。西亚距今四五千年前的许多城堡，城墙、马面、塔楼等一应俱全，显示了较强的军事防御功能，与西亚城邦之间长期频繁的战争背景有直接关系。后来巴比伦、亚述、希腊、波斯、罗马的情况也莫不如此。比较而言，中国从

51　中国社会科学院考古研究所内蒙古工作队：《内蒙古敖汉旗兴隆洼遗址发掘简报》，《考古》1985 年第 10 期；中国社会科学院考古研究所内蒙古工作队：《内蒙古敖汉旗兴隆洼聚落遗址1992 年发掘简报》，《考古》1997 年第 1 期；中国社会科学院考古研究所内蒙古第一工作队：《内蒙古赤峰市兴隆沟聚落遗址 2002～2003 年的发掘》，《考古》2004 年第 7 期；内蒙古自治区文物考古研究所：《白音长汗——新石器时代遗址发掘报告》，科学出版社，2004 年。

距今8000多年开始的多数时间里，大部分地区并不见坚固的城堡，常见的环壕聚落军事防御功能有限，一些地区环壕聚落沿用到历史时期，并不存在必然演化为城堡的趋势。距今五六千年前长江中下游地区的古城如石家河、良渚等，堆筑而成的城垣宽而低矮，主要功能应当是防水而非军事防御[52]。距今5000年前后出现的石城、夯土城等倒是有较强的防御功能，但主要出现于黄河中下游地区[53]。一些大型都邑并不都有外城垣，比如南佐、二里头、殷墟等[54]。中国新石器时代专门武器种类很少，最常见的武器只有弓箭和钺两种，并且都是由生产工具改进而来，夏代晚期以后出现的剑、战斧等武器都源自西方。青铜在亚欧草原主要用于制造武器和工具，传到中国以后则变为主要铸造象征社会秩序的鼎等青铜礼器。中国夏代以后的政治疆域基本上都小于文化上中国的范围，中华文明在长期发展过程中基本保持稳定，极少见跨越文化上中国的范围而大规模对外扩张的现象。在古代中外文化交流过程中，中国向外传播的主要是粟、黍、丝绸、瓷器、造纸术、印刷术等农作物、生活用品和民用技术。和谐稳定是中华民族几千年来的生活方式，和平共生是中华民族几千年来的处世之道，积淀形成中华文明特有的天人合一的宇宙观、协和万邦的国际观、和而不同的社会观、人心和善的道德观，以及敬畏、和合、仁善等文化基因。

中华文明突出的和平性与其广大深厚的农业基础相关。中国大部分地区位于中纬度大河地区，气候适中，土壤肥厚，有着发展农业的良好条件。农业生产周期较长，育种、施肥、轮作，工具制备、农田和水利设施维护，以及生产经验的传承等，都需要很稳定的社会秩序，这就是中国人"故土"情结的由来，长此以往就会积淀出追求秩序、稳定内敛、爱好和平

52　刘建国：《中国史前治水文明初探》，《南方文物》2020年第6期。

53　赵辉、魏峻：《中国新石器时代城址的发现与研究》，《古代文明（第1卷）》，文物出版社，2002年。

54　许宏：《大都无城——论中国古代都城的早期形态》，《文物》2013年第10期。

的文化特质[55]。和平融入了中华民族的血脉中，刻进了中国人民的基因里。

中国古代有世界上最大范围的农耕区，加上"南稻北粟"二元农业体系的互相补充，以及小麦等农作物的传入，基本能够保障中国大部分地区人民的食物来源，为稳定定居提供条件。中华先民当然也有移动迁徙，但绝大多数情况下都表现为农人对附近新耕地的不断开垦，开发在不知不觉当中缓慢进行，中国文化圈的形成过程主要就是农业传播发展的过程。中华文明与生俱来的和平性，很大程度上促进了中华文明"多支一体"格局的形成和连续发展。

从先秦考古学角度观察，中华文明所具有的突出特性是在中华民族数千年来的交往交流交融过程中逐步起源、形成和发展起来的，并且贯穿古今，相互联系。其中连续性是中华文明最突出的特性，创新性、统一性、包容性、和平性则是中华文明连续发展的原因。考古学证实，中华文明是唯一一个延续五千多年并发展至今的原生文明，其起源、形成和发展过程完整连续，物质文化、精神文化、制度文化以及族群主体、语言文字都前后相承。中华文明富有创新精神，数千年以来涌现出很多原创发明和次生发明，社会形态和政治制度适应生产力和生产关系的发展而不断变革，持续创新为中华文明连续发展提供不竭动力。中华文明在起源阶段就具有文化上的突出统一性，形成和早期发展阶段具有政治上的突出统一性，统一性是中华文明连续发展的基础。中华民族内部多支系文化和人群密切交融、多种文明起源路径汇聚融合，对外来优秀文化兼收并蓄，突出的包容性使中华文明充满活力。中华文明起源阶段开始就有对社会秩序和稳定的强烈追求，军事设施和武器不发达，崇尚礼器和礼制，主体范围保持稳定，体现出突出的和平性，稳定内敛、爱好和平是中华文明连续发展的必要条件。

---

55 韩建业：《从考古发现看八千年以来早期中国的文化基因》，《光明日报》2020年11月4日，第11版。

裴李岗时代与中国文明起源

一

关于中国文明起源的研究，自20世纪80年代以来渐成热潮。80年代中期，夏鼐和苏秉琦同时将探索中国文明起源的目光投向广义的新石器时代。夏鼐从宏观角度，指出文明起源"探索的主要对象是新石器时代末期或铜石并用时代的各种文明要素的起源和发展"[1]，他所说"新石器时代末期或铜石并用时代"，当指龙山时代。苏秉琦则具体提出在更早的红山文化后期，"原始公社氏族部落制的发展已达到产生基于公社又凌驾于公社之上的高一级的组织形式"[2]。80年代末90年代初，严文明通过对全国范围史前聚落形态的系统考察，明确提出"探索中国文明起源自然要从公元前3500年开始"[3]。苏秉琦在20世纪90年代初又先后有过距今8000年"文明的起步"[4]、"上万年

1　夏鼐：《中国文明的起源》，文物出版社，1985年，第80页。

2　苏秉琦：《辽西古文化古城古国——兼谈当前田野考古工作的重点或大课题》，《文物》1986年第8期。

3　严文明：《中国新石器时代聚落形态的考察》，《庆祝苏秉琦考古五十五年论文集》，文物出版社，1989年；严文明：《略论中国文明的起源》，《文物》1992年第1期。

4　1991年，苏秉琦认为距今8000年左右的查海玉器的发现，显示已经出现了对玉的专业化加工和专用，"社会分工导致社会分化，所以是文明的起步"。见苏秉琦：《文明发端　玉龙故乡——谈查海遗址》，《华人·龙的传人·中国人——考古寻根记》，辽宁大学出版社，1994年，第127页。

的文明启步"[5]、距今6000年之后是"从氏族向国家发展的转折点"[6]等富有启发性的提法。2003年，蔡运章和张居中根据贾湖遗址发现的"卦象文字"，明确提出距今8000年左右已有"中华文明的绚丽曙光"[7]。近年裴安平提到中国文明起源开始于距今7500年以后[8]，冯时更是认为"中国有着至少八千年未曾中断的文明史"[9]。2018年发布的"中华文明探源工程"研究成果，则认为"距今5800年前后，黄河、长江中下游以及西辽河等区域出现了文明起源迹象"[10]。可以看出，随着考古发现和研究的进展，多数考古学家眼中文明起源的时间点，从距今4000年左右的龙山时代，逐步提前到距今6000年左右的庙底沟时代，但也有的上溯到距今8000年左右甚至更早。

观点差异如此之大的原因，主要在于对"文明"这一概念的理解不同。夏鼐、苏秉琦以来的多数考古学家眼中的"文明"，基本就是西语中Civilization一类词的翻译，一般以恩格斯"国家是文明社会的概括"这一论断为据[11]，多数情况下将文明起源和国家起源当作大同小异的同一件事来研究。比如苏秉琦就曾明确表示，"文明起源，我意就等于恩格斯《家庭、

5 1994年，苏秉琦更是从距今8000年玉器的发现，预测其起源不下万年，有了"上万年的文明启步"的说法。见苏秉琦：《国家起源与民族文化传统（提纲）》，《华人·龙的传人·中国人——考古寻根记》，辽宁大学出版社，1994年。

6 1993年，苏秉琦从"酉瓶"（即小口尖底瓶）、彩陶器皿可能为特殊的宗教用品的角度，指出距今6000年之后的庙底沟期是"从氏族向国家发展的转折点"。见苏秉琦：《迎接中国考古学的新世纪》，《华人·龙的传人·中国人——考古寻根记》，辽宁大学出版社，1994年，第238页。

7 蔡运章、张居中：《中华文明的绚丽曙光——论舞阳贾湖发现的卦象文字》，《中原文物》2003年第3期。

8 裴安平：《中国的家庭、私有制、文明、国家和城市起源》，上海古籍出版社，2014年，第345~346页。

9 冯时：《文明以止：上古的天文、思想与制度》，中国社会科学出版社，2018年，《自序》第1页。

10 《中华文明起源图谱初现》，《人民日报（海外版）》2018年5月29日，第7版。

11 [德]弗里德里希·恩格斯：《家庭、私有制和国家的起源》，人民出版社，1999年，第183页。

私有制和国家的起源》的另一种简化的提法"[12]。但冯时所谓"文明",则对接中国传统,取义《易传》《尚书》,定义为"人类以修养文德而彰明,而社会则得有制度的建设和礼仪的完善而彰明",强调"观象授时"等天文学成就[13]。简言之,前者重视"文明"的社会属性,后者属意其文化成就。

一般来说,"文明"是与"野蛮"相对立的一种状态。而与"野蛮"相对立的,不仅是发达的物质文化,复杂的社会形态,更应包含信仰、知识、修养、礼仪等精神文化特质在内。如费尔南·布罗代尔就认为,"一个文明既不是某种特定的经济,也不是某种特定的社会,而是持续存在于一系列经济或社会之中,不易发生渐变的某种东西"[14]。塞缪尔·亨廷顿说,"正如雅典人所强调的,在所有界定文明的客观因素中,最重要的通常是宗教""一个文明是一个最广泛的文化实体"[15]。前述苏秉琦也是从玉器、酉瓶和原始宗教礼仪的角度,指出距今8000年或距今6000年以后是文明起源的关键时期。如此,不妨从文化和社会两个方面,将"文明"定义为人类文化和社会发展的高级阶段的综合体[16]。

按照这样的定义,我们会发现,中国文明的起源实际应当开始于更早的裴李岗文化后期,或者裴李岗文化对周边地区产生较大影响的时期[17],这个时期可称之为"裴李岗时代"[18]。在约距今8200~7000年的

---

12 苏秉琦:《在中国文明起源研讨会上的讲话》,《华人·龙的传人·中国人——考古寻根记》,辽宁大学出版社,1994年,第128页。

13 冯时:《文明以止:上古的天文、思想与制度》,中国社会科学出版社,2018年,《自序》第2~7页。

14 [法]费尔南·布罗代尔著,常绍民等译:《文明史:人类五千年文明的传承与交流》,中信出版社,2014年,第68页。

15 [美]塞缪尔·亨廷顿著,周琪等译:《文明的冲突与世界秩序的重建》,新华出版社,2010年,第21页。

16 王巍指出:"文明是人类文化和社会发展的一个新的阶段。这一阶段的特征是:物质资料生产不断发展,精神生活不断丰富,社会不断复杂化,由社会分工和阶层分化发展成为不同阶级,出现强制性的公共权力——国家。"见王巍:《对中华文明起源研究有关概念的理解》,《史学月刊》2008年第1期。

裴李岗时代，或者新石器时代中期后段，黄河、长江和西辽河流域聚落和人口增多，物质文化显著发展，已出现较为先进和复杂的思想观念、知识系统和社会形态。

二

先看黄河、淮河流域的裴李岗文化、白家文化和双墩文化。

裴李岗文化前期遗存目前仅见于贾湖遗址，而后期则分布在河南省大部地区。

河南舞阳贾湖遗址的部分较大墓葬，常以组合的形式随葬装有石子的龟甲、骨规形器、骨笛等特殊器物，有的龟甲或骨规形器上还契刻有类似文字的符号[19]。而且这些随葬特殊器物的较大墓葬绝大部分都属于裴李岗文化后期。这当中一般作为乐器的精美骨笛，冯时认为实属天文仪器律管[20]（图45）。装有石子的龟甲，或认为是龟占用具[21]，或认为是

17　我认为《舞阳贾湖》发掘报告所划分的第1～4段为裴李岗文化前期，第5～9段为裴李岗文化后期，二者以约公元前6200年为界。见韩建业：《裴李岗文化的迁徙影响与早期中国文化圈的雏形》，《中原文物》2009年第2期；韩建业：《双墩文化的北上与北辛文化的形成——从济宁张山"北辛文化遗存"论起》，《江汉考古》2012年第2期。

18　栾丰实最早使用"裴李岗时代"的概念，用来表示整个裴李岗文化所处的那个时代，陈明辉有专门论述。他们所说"裴李岗时代"与本文意见略有差异。参见栾丰实：《试论仰韶时代东方与中原的关系》，《考古》1996年第4期；陈明辉：《试论裴李岗文化系统——兼谈中国裴李岗时代的文化格局》，《上山文化论集》，中国文史出版社，2018年。

19　河南省文物考古研究所：《舞阳贾湖》，科学出版社，1999年；河南省文物考古研究院、中国科学技术大学科技史与科技考古系：《舞阳贾湖（二）》，科学出版社，2015年；河南省文物考古研究院、中国科学技术大学科技史与科技考古系、舞阳县博物馆：《河南舞阳县贾湖遗址2013年发掘简报》，《考古》2017年第12期。

20　冯时：《中国天文考古学》，社会科学文献出版社，2001年，第195～197页。

21　宋会群、张居中：《龟象与数卜：从贾湖遗址的"龟腹石子"论象数思维的源流》，《大易集述：第三届海峡两岸周易学术研讨会论文集》，巴蜀书社，1998年。

图45 贾湖遗址骨笛（律管）

响器[22]。考虑到有的龟甲上刻有字符，其含义可能与卦象[23]或者验辞[24]
有关，则龟甲作为龟占用具的可能性更大。骨规形器因多置于成堆的龟
甲之上，发掘者推测其用途可能与龟有关[25]。也有认为其是握在手中观
测星象之"规"[26]。考虑到这些骨规形器下端因长期把握而圆滑光亮，有
的甚至握在死者手中，则天"规"说似乎颇有道理。龟甲和骨规形器又
常共存，推测龟甲或与骨规形器所观测的天象有关，甚至不排除以背甲

22 陈星灿、李润权：《申论中国史前的龟甲响器》，《桃李成蹊集——庆祝安志敏先生八十寿
辰》，香港中文大学出版社，2004年。

23 蔡运章、张居中：《中华文明的绚丽曙光——论舞阳贾湖发现的卦象文字》，《中原文物》
2003年第3期。

24 贾湖M344中的一例类似眼睛的符号，冯时认为对应古彝文的"吉"。见冯时：《中国古文字
学概论》，中国社会科学出版社，2016年，第24～25页。

25 河南省文物考古研究所：《舞阳贾湖》，科学出版社，1999年，第445～446页。

26 姬英明提出贾湖骨规形器、骨板分别为古人观测星象的"规""矩"，认为能够对应《周
易·系辞下》"包牺氏之王天下也，仰则观象于天"的记载。见王楠、胡安华：《印证神话传
说：贾湖遗址发现骨制"规矩"》，《中国城市报》2019年7月22日，第13版。

象天、以腹甲形地的可能[27]。龟背甲较圆圈，腹甲稍方平，或者"天圆地方"的宇宙观已有雏形。

　　贾湖墓葬中的龟甲，多为偶数，上限为八[28]。龟甲中的石子，应也有一定之数[29]。以装石子的龟甲占卜，当属于八卦一类数卜的范畴[30]，体现"象数思维"[31]。占卜本身显示贾湖人对超自然力量的崇拜，属于原始宗教性质，但对"数"的执着又使其具有追求规则、理性的一面。前述以"规"观测天象，同样也是既有神秘性，又适应观象授时的现实需要。

　　贾湖、裴李岗[32]、水泉[33]等裴李岗文化遗址，都有专门墓地，墓葬土葬深埋，装殓齐整，随葬物品，实行墓祭[34]，体现出对死者特别的关爱和

27　在《列子·汤问》《淮南子·览冥训》等当中，有女娲"断鳌足以立四极"的记载；在《雒书》中有灵龟"上隆法天，下平法地"的记载（《初学记》鳞介部龟第十一引）；在古代玛雅也有以龟象征大地的现象。参见李新伟：《中国史前玉器反映的宇宙观——兼论中国东部史前复杂社会的上层交流网》，《东南文化》2004年第3期；徐峰：《中国古代的龟崇拜——以"龟负"的神话、图像与雕像为视角》，《中原文物》2013年第3期；李新伟：《玛雅文明的大地之龟》，《光明日报》2018年5月12日，第12版。

28　贾湖第一至六次发掘的23座墓葬，每座墓葬随葬龟甲1、2、4、6、8副不等，多为偶数，随葬8副者6座（其中前期1座、后期5座）。第七次发掘的后期祭坑（H502）中也有8副龟甲。

29　贾湖单副龟甲中的石子，在3～30粒之间，多数10余、20余粒。

30　蔡运章、张居中等认为，贾湖的龟卜数卜现象，是伏羲氏"画八卦"的有力佐证。见蔡运章、张居中：《中华文明的绚丽曙光——论舞阳贾湖发现的卦象文字》，《中原文物》2003年第3期。

31　宋会群、张居中：《龟象与数卜：从贾湖遗址的"龟腹石子"论象数思维的源流》，《大易集述：第三届海峡两岸周易学术研讨会论文集》，巴蜀书社，1998年，第11～18页。

32　中国社会科学院考古研究所河南一队：《1979年裴李岗遗址发掘报告》，《考古学报》1984年第1期。

33　中国社会科学院考古研究所河南一队：《河南郏县水泉裴李岗文化遗址》，《考古学报》1995年第1期。

34　如水泉墓地东、西两区之间的空白地带，有一较大烧土坑，内有石块，可能为针对整个墓地的墓祭遗迹，推测与祭祀整个氏族的先祖有关；在西区中另有一较小烧土坑，内有兽骨，或与祭祀西区家族先祖有关。贾湖第一至六次发掘中，发现6个犬坑位于墓地中间或边缘，也当为墓祭遗存。

敬重，说明已有显著的祖先崇拜观念。墓葬分区分组，可能对应现实社会的家庭、家族、氏族等不同层级的社会组织；墓葬排、列整齐，或许与辈分等有关，表明裴李岗文化已出现最早的族葬或"族坟墓"习俗[35]。祖先崇拜和族葬，当为现实社会中重视亲情人伦、强调社会秩序的反映。

裴李岗文化同一墓地同期墓葬相互间基本不见叠压打破，推测当时地表应有墓葬标记，族人对数十年以内的祖先墓葬及其谱系还有清楚记忆；有的同一墓地能够延续一二百年甚至数百年之久[36]，说明族人对远祖的栖息地有着长久的记忆和坚守，体现出对祖先的顽强"历史记忆"，为后世子孙在这块土地上长期农耕生活提供了正当理由和"合法性"。

裴李岗文化后期聚落已有一定程度的分化[37]，墓葬也有较为明显的大小贫富之别[38]，尤其随葬龟甲、骨规形器和骨笛等特殊器具的基本都是较大墓葬，也以成年男性占绝对多数。可见社会存在一定程度的分化，男性地位已经相对较高。尽管这种分化可能是发生在宗教文化中心和普通村落之间，宗教文化领袖和普通人之间[39]，并未形成建立在家族之上的阶级分化。

35　郑玄注《周礼·地官·司徒》"族坟墓"一词，说"族犹类也。同宗者，生相近，死相迫"。

36　比如贾湖遗址西北区墓葬虽只有两期（第二、三期），但又可细分为五段，打破关系非常复杂，延续时间或达数百年。

37　新郑唐户裴李岗文化遗存面积约30万平方米，贾湖裴李岗文化遗存面积约5万平方米，一般遗址则仅数千平方米。其中唐户遗址的资料，见河南省文物管理局南水北调文物保护办公室、郑州市文物考古研究院：《河南新郑市唐户遗址裴李岗文化遗存发掘简报》，《考古》2008年第5期；郑州市文物考古研究院、河南省文物管理局南水北调文物保护办公室：《河南新郑市唐户遗址裴李岗文化遗存2007年发掘简报》，《考古》2010年第5期。

38　贾湖第一至六次发掘的327座能看出宽度的长方形土坑竖穴墓中，墓穴宽度1米以下的占89.9%，1米以上的占10.1%；所有349座墓葬中，随葬品1～10件或者无随葬品者占91.5%，10件以上随葬品者占8.5%。其中最大的墓葬M282墓穴长2.8、宽1.8米，面积约5平方米，随葬品包括龟甲、骨笛、骨板等在内共计60件。

39　"这些特殊器物似乎与军权、礼制无涉，也不见得与贫富分化有关，却有浓郁的宗教意味，让人联想到卜筮乐医兼通的巫觋形象。"见韩建业：《裴李岗文化的迁徙影响与早期中国文化圈的雏形》，《中原文物》2009年第2期，第12页。

图46 双墩遗址陶符

裴李岗文化以西的白家文化或大地湾一期文化，就现有资料看，当为
裴李岗文化后期西进渭河流域和汉水上游地区并融合当地土著文化传统
而形成，年代大约距今8000~7000年。白家文化的发现虽远不及裴李岗
文化丰富，但也存在"族葬"习俗[40]，在精美陶钵内壁还有较多彩绘符号。
这些符号或许与裴李岗文化的契刻字符有一定关系。

裴李岗文化以东的双墩文化，当为裴李岗文化末期东向影响至淮河
中游地区而形成，年代大约距今7300~7000年[41]。双墩文化发现有大量
刻划符号[42]（图46），其中不少被认为属于"文字性符号"或者"文字画"
性质[43]；也有认为其中的"十""井""亞"等字形的刻符当表示四方五位、
八方九宫等空间体系，其"天地定位"思想与八卦方位理论吻合[44]。

总体来看，裴李岗时代的黄河和淮河流域文化区，已经出现较为先进
的思想观念和知识，包括较为先进的宇宙观、宗教观、伦理观、历史观，
较为先进的天文、数学、符号、音乐知识等。而这些较为先进的思想观念

40 中国社会科学院考古研究所：《临潼白家村》，巴蜀书社，1994年；甘肃省文物考古研究所：
《秦安大地湾——新石器时代遗址发掘报告》，文物出版社，2006年。

41 韩建业：《双墩文化的北上与北辛文化的形成——从济宁张山"北辛文化遗存"论起》，《江
汉考古》2012年第2期。

42 安徽省文物考古研究所、蚌埠市博物馆：《蚌埠双墩——新石器时代遗址发掘报告》，科学
出版社，2008年。

43 王晖：《古文字与中国早期文化论集》，科学出版社，2017年，第2~72页。

44 冯时：《文明以止：上古的天文、思想与制度》，中国社会科学出版社，2018年，第46~78页。

和知识的形成，应当与其较为先进的生业经济，特别是其农业和家畜饲养业有关[45]。

三

再看长江中下游和西辽河流域的跨湖桥文化、高庙文化、兴隆洼文化等。这些文化与裴李岗文化虽无明显的文化交流关系，但同样存在较为先进和复杂的思想观念、知识系统和社会形态。

跨湖桥文化位于长江下游南岸，大约距今8200～7000年。在跨湖桥遗址曾发现8组刻划在鹿角器和木算筹上面的符号[46]，和距今6000多年海安青墩遗址骨算筹上的数字卦象[47]，以及商周时期的数字卦象基本一致[48]，应该就是记录占卜的原初形式的数字卦象符号[49]。令人称奇的是，在附近的义乌桥头上山文化遗址中，最近又发现了年代更早的距今9000～8500

45　裴李岗文化、白家文化、双墩文化的生业经济虽以狩猎采集为主，但已明确存在稻作、粟作农业和家畜驯养，而且农业比重从早到晚不断上升。见罗运兵、张居中：《河南舞阳县贾湖遗址出土猪骨的再研究》，《考古》2008年第1期；张居中、程至杰、蓝万里等：《河南舞阳贾湖遗址植物考古研究的新进展》，《考古》2018年第4期；刘长江、孔昭宸、朗树德：《大地湾遗址农业植物遗存与人类生存的环境探讨》，《中原文物》2004年第4期。

46　跨湖桥遗址发现的卦象符号，刻在所谓木锥上面。看后来山东兖州王因三座墓葬随葬的龟甲，内分别置7、11、17枚骨锥，和贾湖龟甲内置石子的情况相似，可知这类骨锥或木锥当为龟占所用算筹。见浙江省文物考古研究所、萧山博物馆：《跨湖桥》，文物出版社，2004年；中国社会科学院考古研究所：《山东王因——新石器时代遗址发掘报告》，科学出版社，2000年。

47　青墩遗址的八组数字卦象符号，刻在鹿角器和骨算筹（原文称为"簪"）上面，包括"三五三三六四"（艮下乾上，遁）等。见南京博物院：《江苏海安青墩遗址》，《考古学报》1983年第2期；张政烺：《试释周初青铜器铭文中的易卦》，《考古学报》1980年第4期。

48　张政烺：《试释周初青铜器铭文中的易卦》，《考古学报》1980年第4期。

49　如"一一八一一八"等。见王长丰、张居中、蒋乐平：《浙江跨湖桥遗址所出刻划符号试析》，《东南文化》2008年第1期。

年之间的卦象符号，只不过有的是彩绘的长、短横符号，六个一组[50]，类似于《周易》的阴阳爻卦画，有的又类似数字卦象符号。两类卦象符号同时出现于桥头，在跨湖桥之后则仅保留了数字卦象符号[51]。其与贾湖的龟卜都当属于八卦类的数卜大传统，只是桥头、跨湖桥以符号记录卦象而贾湖记录卜辞，跨湖桥以算筹而贾湖以石子计数，细节方面稍有差别。跨湖桥文化稻作农业占一定比重。

高庙文化位于长江中游洞庭湖西南，大约距今7800～7000年。在高庙遗址发现有非常重要的祭祀遗存，包括面积约1000平方米的大型祭祀场和精美的白陶祭器。祭祀场发现的4个边长约1米的方形大柱洞，复原起来可能是非常高的"排架式梯状建筑"，还有数十个祭祀坑（其中一个为人祭坑）、附属房屋等。白陶上戳印有复杂图案，包括可以和祭祀场主建筑对应的"梯阙"式图像，以及太阳纹、八角星纹、鸟纹、獠牙兽面纹等[52]。发掘者认为獠牙兽面纹两侧常带双"翼"，并在"梯阙"之间，表达的是有飞龙、天梯等在内的通天祭祀仪式；鸟纹常载日、"龙"、八角星纹，当为凤的形象；而八角星纹则与太阳历以及天圆地方的宇宙观有关[53]。姑且不论高庙的八角星纹是否与太阳历有关，至少其在表达八方九宫、天圆地方等空间观念方面，当与贾湖、双墩彼此接近。高庙文化基本是采集狩猎经济方式，尚未出现农业，这与其早熟的宗教祭祀和空间观念形成较大反差。

兴隆洼文化位于西辽河流域和燕山南北地区，大约距今8200～7500年。曾在查海遗址聚落中心发现长近20米的龙形堆石，以及10座"中心

50　《浙江义乌桥头新石器时代遗址》，《2019中国重要考古发现》，文物出版社，2020年。

51　跨湖桥文化主要是在上山文化的基础上发展而来。见韩建业：《试论跨湖桥文化的来源和对外影响——兼论新石器时代中期长江中下游地区间的文化交流》，《东南文化》2010年第6期。

52　湖南省文物考古研究所：《湖南黔阳高庙遗址发掘简报》，《文物》2000年第4期；湖南省文物考古研究所：《湖南洪江市高庙新石器时代遗址》，《考古》2006年第7期。

53　贺刚：《湘西史前遗存与中国古史传说》，岳麓书社，2013年。

图 47　查海聚落及龙形堆石

墓葬"[54]（图 47），说明兴隆洼文化也有龙崇拜，这些墓葬则或与祭祀仪式有关。塔尺营子遗址所出石牌形器上的獠牙兽面纹[55]，兽头两侧的"S"纹宛若龙身，不排除与高庙獠牙兽面纹一样属于飞龙形象的可能性。白音长汗遗址房屋 AF19 灶后发现女性石雕[56]，反映可能还存在女神崇拜。兴隆

54　辽宁省文物考古研究所：《查海——新石器时代聚落遗址发掘报告》，文物出版社，2012 年。

55　滕铭予、吉迪、苏军强等：《2015 年辽宁省阜新蒙古族自治县塔尺营子遗址试掘报告》，《边疆考古研究（第 25 辑）》，科学出版社，2019 年。

56　内蒙古自治区文物考古研究所：《白音长汗——新石器时代遗址发掘报告》，科学出版社，2004 年。

洼[57]、兴隆沟[58]、查海、白音长汗等聚落，多有环壕围护，房屋成排整齐分布，中心或近中心部位一般有大房子（图48），体现出早熟的向心、凝聚观念[59]，在强调社会秩序方面和裴李岗文化有近似之处。兴隆洼文化的精美玉器也是社会有一定分工的产物（图49）。但兴隆洼文化未见与数卜、文字符号、天圆地方、族葬[60]等有关的遗存，与黄河、长江流域有较大区别。兴隆洼文化虽以狩猎采集为主，但已有旱作农业。

四

裴李岗时代中国主体区域所表现出的较为先进的思想观念和知识体系，以及较为复杂的社会形态，将中国文明起源提前到距今8000年以前，可算作是中国文明起源的第一阶段。而恰好此时，处于中原地区的裴李岗文化对外强烈扩张影响，使得黄、淮河流域文化彼此接近起来，也可能通过上层在宗教祭祀、空间观念等方面的交流[61]，使得长江中下游和西辽河流域也和黄、淮河流域有了不少共性。从而有了"早期中国文化圈"或者

57　中国社会科学院考古研究所内蒙古工作队：《内蒙古敖汉旗兴隆洼遗址发掘简报》，《考古》1985年第10期；中国社会科学院考古研究所内蒙古工作队：《内蒙古敖汉旗兴隆洼聚落遗址1992年发掘简报》，《考古》1997年第1期。

58　中国社会科学院考古研究所内蒙古第一工作队：《内蒙古赤峰市兴隆沟聚落遗址2002~2003年的发掘》，《考古》2004年第7期。

59　陈继玲、陈胜前：《兴隆洼文化筒形罐的纹饰艺术分析》，《边境考古研究（第11辑）》，科学出版社，2012年。

60　兴隆洼文化基本不存在排列整齐的专门墓地，已经发现的墓葬主要是可能与某种特殊的宗教祭祀观念有关的居室葬。见杨虎、刘国祥：《兴隆洼文化居室葬俗及相关问题探讨》，《考古》1997年第1期。

61　李新伟用"中国史前社会上层远距离交流网"的模式，来解释约公元前3500年以后中国各地出现的文化和社会共性。这一模式对于解释裴李岗时代中国主体区域在思想观念和知识系统方面的共性更加有效。见李新伟：《中国史前社会上层远距离交流网的形成》，《文物》2015年第4期。

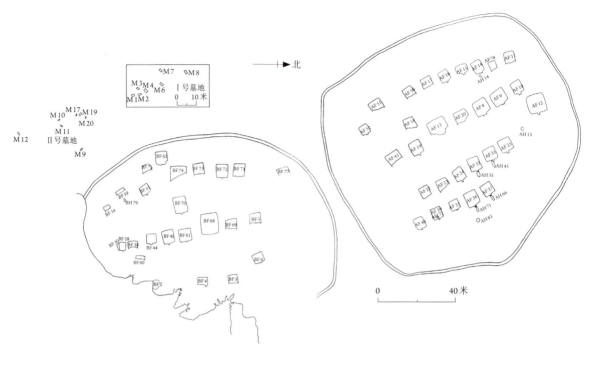

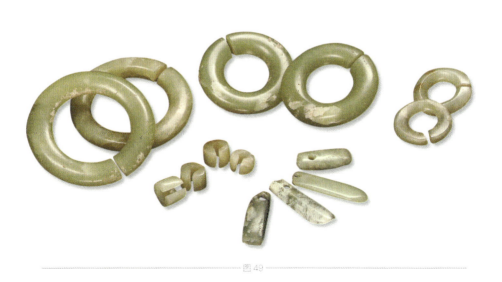

图 48　白音长汗"对子"聚落

图 49　兴隆洼文化玉器

文化上"早期中国"的萌芽[62]。距今6000年以后进入庙底沟时代，早先形成的思想观念和知识体系进一步发展，社会开始了普遍复杂化的过程，各区域逐步迈入前早期国家状态，可视为中国文明起源的第二阶段，同时文化上的"早期中国"正式形成[63]。距今5000多年已经正式形成由良渚等各区域文明组成的早期中国文明。

西亚地区在距今8000多年以前，出现灌溉农业、祭室、权杖头、铜器、印章、符号、原始筹码等[64]，已经孕育着神祇崇拜、权利象征、社会分工、文字、商业等早期西方文明因素，同样开始了文明起源的进程。但中国和西方从文明起源之初，就存在明显差别，裴李岗时代在神祇崇拜的同时，还特别强调亲情人伦、祖先崇拜和历史记忆，文字符号和算筹主要与占卜、天文等相关，而缺乏表达贸易交换等的内容。这些文明的特质，连同数卜与象数、观象授时与天圆地方，以及龙、玉器等，都在中国这片大地上汇聚交融，绵延发展，成为夏商周三代乃至于秦汉以后古代中国宇宙观、宗教观、伦理观、历史观甚至政治观的文明基石。

62　韩建业：《裴李岗文化的迁徙影响与早期中国文化圈的雏形》，《中原文物》2009年第2期；韩建业：《双墩文化的北上与北辛文化的形成——从济宁张山"北辛文化遗存"论起》，《江汉考古》2012年第2期。

63　张光直：《中国相互作用圈与文明的形成》，《庆祝苏秉琦考古五十五年论文集》，文物出版社，1989年；韩建业：《庙底沟时代与"早期中国"》，《考古》2012年第3期。

64　杨建华：《两河流域：从农业村落走向城邦国家》，科学出版社，2014年。

裴李岗时代的"族葬"与祖先崇拜

"族葬"一词出自《周礼·春官·墓大夫》:"掌凡邦墓之地域,为之图。令国民族葬,而掌其禁令;正其位,掌其度数,使皆有私地域。凡争墓地者,听其狱讼。"是说周代墓大夫的职责是管理普通"国民"之"邦墓",使其各有"私地域"或独立的"墓地",以实行秩序井然的"族葬"。另据《周礼·春官·冢人》,贵族之墓为"公墓",由"冢人"管理。这里邦墓和公墓的区分主要在于级别,实质上都是要将基于父系的同族死者葬在同一墓地,也可以从广义上均称之为"族葬"。周代的族葬有明确的制度,属于周礼的重要组成部分,但族葬本身也是周人最重要的习俗之一,即如《周礼·地官·司徒》所说"以本俗六安万民……二曰族坟墓","族坟墓"即族葬。从考古发现来看,周代确曾普遍实行族葬,商代也是如此[1],再往前从二里头时代、龙山时代倒推到仰韶文化时期,全国大部地区也都流行族葬。但族葬习俗的源头实际可追溯至公元前6000年左右的裴李岗时代[2],当为祖先崇拜观念加强的反映。本文对其略作讨论。

1　中国社会科学院考古研究所安阳工作队:《1969～1977年殷墟西区墓葬发掘报告》,《考古学报》1979年第1期;杨锡璋:《商代的墓地制度》,《考古》1983年第10期。

2　本文所说"裴李岗时代",是和裴李岗文化有一定关系的中国大部地区文化所处的时代,绝对年代在公元前6200～前5000年之间。裴李岗时代的形成,与中原腹地裴李岗文化中、晚期的扩张影响有一定关系(韩建业:《裴李岗文化的迁徙影响与早期中国文化圈的雏形》,《中原文物》2009年第2期)。栾丰实最早使用"裴李岗时代"的概念,用来表示整个裴李岗文化所

一

最早的广义上的族葬，出现于新石器时代中期的黄河和淮河流域。公元前6200~前5000年之间，在裴李岗文化、白家文化和后李文化当中，都开始出现有一定秩序的公共墓地，而以黄河中游和淮河流域裴李岗文化中晚期的公共墓地年代最早、数量最多。

裴李岗文化的公共墓地，有河南新郑裴李岗[3]和沙窝李[4]、新密莪沟[5]、长葛石固[6]、郏县水泉[7]、舞阳贾湖[8]等多处。贾湖遗址多次发掘，已经发现500多座墓葬，人骨保存相对较好，年代延续最长，可分三期，其中早期墓葬和房址没有截然分开，中、晚期有五六片相对独立的公共墓地[9]。其他遗址的公共墓地基本都和贾湖中、晚期相当。仔细分析裴李岗文化中、晚期墓葬，可有以下几项认识。

第一，有同族之人的专门墓地。墓葬区位于房屋、灰坑等居址区附

处的那个时代，陈明辉有专门论述，他们所说"裴李岗时代"与本文意见略有差异（栾丰实：《试论仰韶时代东方与中原的关系》，《考古》1996年第4期；陈明辉：《试论裴李岗文化系统——兼谈中国裴李岗时代的文化格局》，《上山文化论集》，中国文史出版社，2018年）。

3　中国社会科学院考古研究所河南一队：《1979年裴李岗遗址发掘报告》，《考古学报》1984年第1期。

4　中国社会科学院考古研究所河南一队：《河南新郑沙窝李新石器时代遗址》，《考古》1983年第12期。

5　河南省博物馆、密县文化馆：《河南密县莪沟北岗新石器时代遗址》，《考古学集刊（第1集）》，中国社会科学出版社，1981年。

6　河南省文物研究所：《长葛石固遗址发掘报告》，《华夏考古》1987年第1期。

7　中国社会科学院考古研究所河南一队：《河南郏县水泉裴李岗文化遗址》，《考古学报》1995年第1期。

8　河南省文物考古研究所：《舞阳贾湖》，科学出版社，1999年；河南省文物考古研究院、中国科学技术大学科技史与科技考古系：《舞阳贾湖（二）》，科学出版社，2015年。

9　贾湖遗址的早、中、晚期，分别是整个裴李岗文化早、中、晚期的代表。韩建业：《早期中国——中国文化圈的形成和发展》，上海古籍出版社，2015年，第31~45页。

近，当属同一群人"聚族而居，聚族而葬"的结果，强调了可能有血缘关系的同族同宗之人生死相依的亲属关系[10]；但居址和墓葬区在平面空间上有所分隔，可能是理性的"生死有别"观念的反映，大概不希望死者的鬼魂打扰活人的世界。

第二，同一墓地或分区分群，或成排成列，有一定空间秩序。可能是为了体现同一氏族（宗族）的人群在亲疏关系、辈分大小等方面的秩序和差别。比如裴李岗的114座墓葬，可明显分为东、西二区，东区还可以分为两群，每群墓葬成排成列，有的群中心是一座较大型的早期墓葬——可能是重要先祖墓葬。据分析，裴李岗墓地总共延续了100多年，每群墓葬所代表的日常人口数在10人左右，相当于一个小家族的规模，而整个墓地所代表的日常人口数最多的时候在30人左右，相当于一个小氏族[11]。郏县水泉墓地的120座墓葬，同样也是分东、西二区，东区再分为两群，但排列则要整齐得多，每群都有十余排、五六列（图50），反映的人口常数和社会组织结构应该和裴李岗墓地近似。

第三，同一墓地同期墓葬相互间基本不见叠压打破，延续时间越长叠压打破关系越复杂。推测当时地表当有墓葬标记，族人对数十年以内的祖先墓葬及其谱系还有清楚记忆，所以建新墓的时候不会破坏早期墓葬；数十年以上或许标记消失，或许关于族谱的记忆模糊，因此叠压打破越来越多。但同一墓地能够延续一二百年甚至数百年之久，恰好说明族人对远祖的栖息地有着长久的记忆和坚守。比如裴李岗墓地，每期延续时间被推测在30～60年，每期墓葬自身之间少见打破关系，墓地总共延续100多年[12]。郏县水泉的情况类似。贾湖遗址西北区墓葬虽也只有两期（第二、三期），但又可细分为五段，打破关系非常复杂，延续时

10　郑玄注《周礼·地官·司徒》"族坟墓"一词，说"族犹类也。同宗者，生相近，死相迫"。

11　戴向明：《裴李岗墓地新探》，《华夏考古》1996年第3期。

12　戴向明：《裴李岗墓地新探》，《华夏考古》1996年第3期。

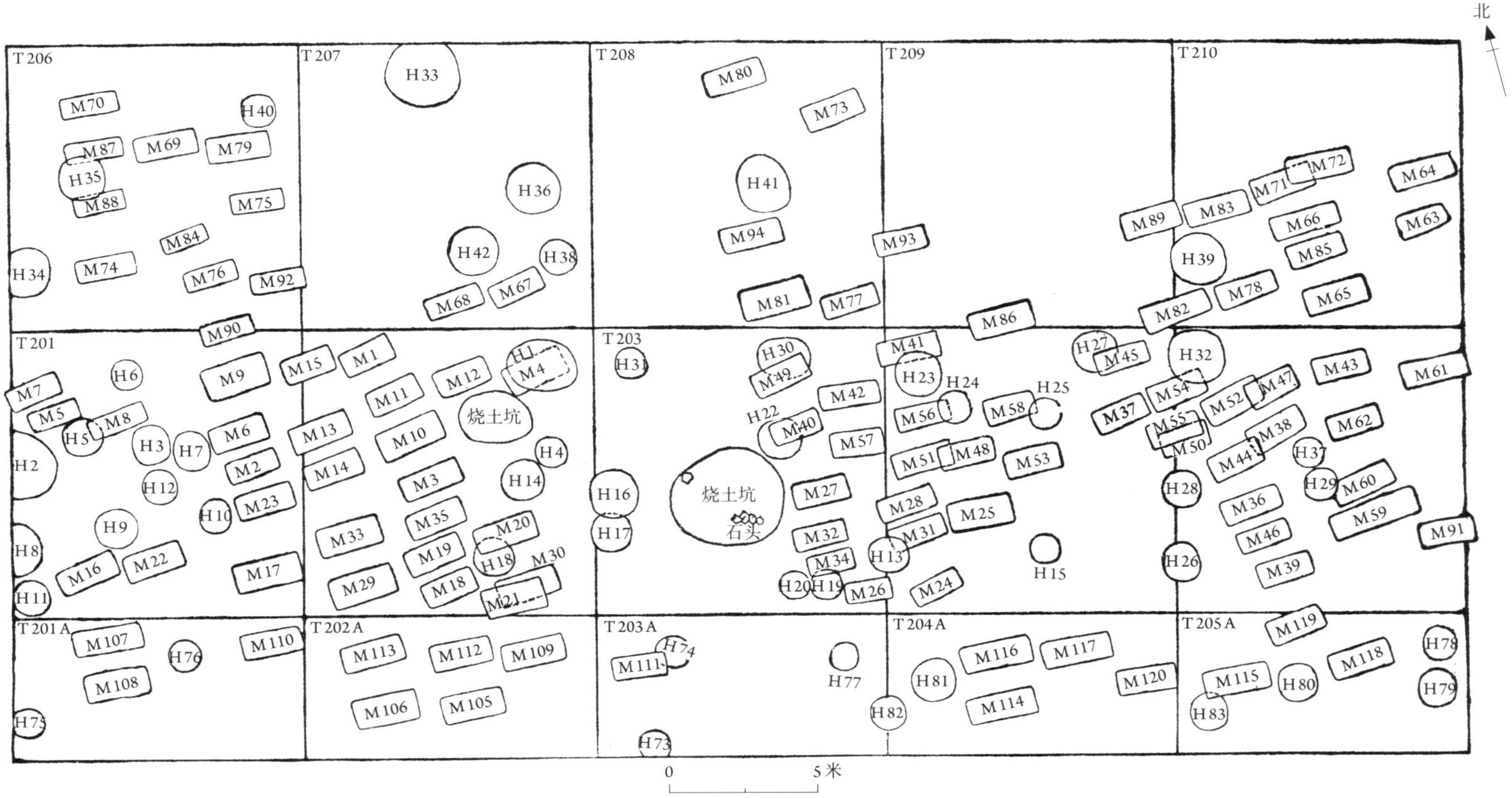

图50 水泉墓地墓葬分布

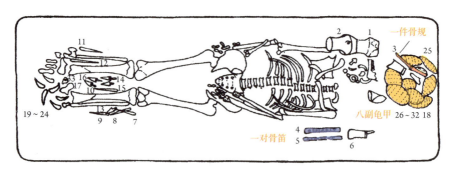

一件骨规

八副龟甲

一对骨笛

图51　贾湖遗址墓葬 M344

间或达数百年[13]。

　　第四，墓葬均为土坑竖穴墓土葬，多为单人一次葬，绝大多数为端正的仰身直肢葬，常以日常用品随葬，同一墓地墓葬头向大体相同。这在一定意义上当是为死去的族人营造地下的"永恒家园"[14]，即"事死如事生"观念的反映。以人骨保存最好的贾湖墓葬来说，一般墓主人双臂紧贴于身侧，有的双手或单手放在腹部，双脚并拢，显然死后有过整理装殓的环节，双脚或有过捆绑。贾湖、水泉等偏南区域的墓地墓主人头向多朝西，中间位置的石固墓地头向朝东，偏北的裴李岗、沙窝李、莪沟等头向朝南，反映小区域葬俗存在细微差异。随葬品一般分两类，一类是随身装饰品，一类是墓室内摆放的陶、石、骨类实用器。

　　第五，已经出现少数随葬较多特殊器物的大墓，显示族人社会地位有一定程度的分化。比如贾湖墓地 M344 等大墓（图51），有精美骨规形器、骨板、骨笛、龟甲、绿松石饰等数十件随葬品，龟甲在好几例墓葬当中都是8个一组。龟甲内装石子，或与数卜和象数有关[15]，有的龟甲

13　发掘者所分贾湖第二、三期的绝对年代，约在公元前6600～前5800年之间。见河南省文物考古研究所：《舞阳贾湖》，科学出版社，1999年，第518页。

14　汉代明确存在为墓主人营造地下"永恒家园"的丧葬观念，实际上这种丧葬观念还可一直前溯至新石器时代。参见巫鸿：《礼仪中的美术——马王堆再思》，《礼仪中的美术——巫鸿中国古代美术史文编》，生活·读书·新知三联书店，2005年。

上有刻符[16]，当为类文字符号。这些大墓的主人，绝大多数为成年男性，很可能是天文、历法、卜筮、音乐、医疗兼通的大巫和部落领袖[17]。

第六，男女随葬品有所不同，儿童实行瓮棺葬。一般男性墓葬随葬斧、锛、铲等木工和挖掘工具，女性随葬石磨盘、石磨棒类食物加工工具，一定程度上体现出"男主外、女主内"的社会自然分工情况。在贾湖等墓地，儿童以陶器为葬具实行所谓瓮棺葬，推测正式墓地须成年死者方可葬入，这或许是现实生活中成年人才享有完整社会权利的反映。

第七，有的墓地有墓祭遗迹。如水泉墓地东、西两区之间的空白地带，有一较大烧土坑，内有石块，可能为针对整个墓地的墓祭遗迹，推测与祭祀整个氏族的先祖有关；在西区中另有一较小烧土坑，内有兽骨，或与祭祀西区家族先祖有关。

黄河上游的白家文化（或大地湾一期文化）族葬墓地，主要发现于陕西临潼白家[18]、甘肃秦安大地湾[19]等处。基本情况和裴李岗文化很近似。大地湾一期人骨保存较好的墓葬，墓主人双手交贴于胸前，很是特别。黄河下游的后李文化，也在小荆山遗址发现排列整齐的墓葬[20]。白家文化是裴李岗文化西进并与当地土著结合的产物[21]，其族葬习俗和裴李岗文化近

15　河南省文物考古研究院、中国科学技术大学科技史与科技考古系：《舞阳贾湖（二）》，科学出版社，2015年，第511～528页。

16　河南省文物考古研究院、中国科学技术大学科技史与科技考古系：《舞阳贾湖（二）》，科学出版社，2015年，第529～539页。

17　"这些特殊器物似乎与军权、礼制无涉，也不见得与贫富分化有关，却有浓郁的宗教意味，让人联想到卜筮乐医兼通的巫觋形象。"见韩建业：《裴李岗文化的迁徙影响与早期中国文化圈的雏形》，《中原文物》2009年第2期。

18　中国社会科学院考古研究所：《临潼白家村》，巴蜀书社，1994年。

19　甘肃省文物考古研究所：《秦安大地湾——新石器时代遗址发掘报告》，文物出版社，2006年。

20　栾丰实：《试论后李文化》，《海岱地区考古研究》，山东大学出版社，1997年。

21　韩建业：《裴李岗文化的迁徙影响与早期中国文化圈的雏形》，《中原文物》2009年第2期。

似很容易理解。后李文化和裴李岗文化交流并不多，二者葬俗的相似，或许有其他渊源关系。

二

把眼光放大到整个欧亚大陆，会发现在公元前 6000 年这么早的时候，其他地区还罕见黄河流域这样典型的土葬族葬习俗。

欧亚大陆至少在 10 多万年以前已经有了人类丧葬行为，四五万年以后的晚更新世晚期（旧石器时代晚期）至全新世早期（新石器时代早期）发现增多。但这些墓葬多数都是简单掩埋，空间分布也很零散。中国华南 1 万多年以前就有屈曲严重的蹲踞式屈肢葬[22]，估计存在肢解和捆绑行为，空间分布看不出明显规律。西亚地区同时期墓葬主要为居室葬[23]，有些成年人墓葬无头骨，但在居住面上摆放头骨，有的头骨敷泥、眼窝扣贝壳[24]。另外，中国华北和东北地区虽有万年左右的零星墓葬发现，北京东胡林甚至发现中国最早的仰身直肢葬，但不能确定是否有公共墓地。

公元前 6000 年前后，长江中游洞庭湖地区的彭头山文化有宽短长方形和不规则形竖穴土坑墓葬，人骨因酸性环境多不存，估计也是和华南一样的屈肢葬。这些墓葬都位于居址区，有的甚至在室内，分布较散乱[25]，应该存在房屋和墓葬共存的情况。东北地区西辽河流域的兴隆洼文化，既有专门墓地，也有居室葬。专门墓地发现于内蒙古林西白音长汗遗址[26]和辽宁阜新查海遗址[27]。白音长汗遗址属于"二期乙类"遗存的

22　广西壮族自治区文物工作队、桂林市革命委员会文物管理委员会：《广西桂林甑皮岩洞穴遗址的试掘》，《考古》1976 年第 3 期。

23　陈星灿：《史前居室葬俗的研究》，《华夏考古》1989 年第 2 期。

24　杨建华：《两河流域：从农业村落走向城邦国家》，科学出版社，2014 年，第 50 页。

25　湖南省文物考古研究所：《彭头山与八十垱》，科学出版社，2006 年。

两片墓地，位于南部环壕聚落的外面，不排除族葬的可能性，但总共才14座，多屈肢，排列稀疏凌乱。查海聚落中心有10座墓葬，仰身直肢，排列也不整齐，且位于龙形堆石的"腹"下，似乎具有特殊的祭享含义。查海遗址以及内蒙古敖汉旗的兴隆洼[28]、兴隆沟[29]遗址都有居室葬发现，因为数量较少，发掘者推测这只是一种特殊墓葬形式[30]。居室葬更强调逝者和活人的现实联系，难以展现逝者之间的关系和秩序。但无论是居室葬还是室外葬，兴隆洼文化的墓葬和裴李岗文化等墓葬一样，有较规整的长方形竖穴土坑墓，随葬日用陶器、石器等，可见至少也同样存在"入土为安"的丧葬观念。至于东北地区此后大规模公共墓地的流行，既是社会发展的结果，也与黄河流域丧葬传统北上的影响有关。

西亚地区公元前6000年前后的墓葬，多数都是居室内的二次葬或者肢解葬，也有火葬，火化后将人骨放在陶器中埋葬。比如土耳其的恰塔尔·休于[31]、哈吉拉尔[32]和伊拉克的梭万[33]等遗址，居室葬多位于"神祠"平台下面及附近，多为屈肢葬，尸骨多不甚完整，估计有向神灵奉献的性质。从恰塔尔土丘遗址壁画来看，有鹰啄食人的图像（图52），有的人头已经被啄掉，或许在描述天葬场景。在伊拉克耶里姆2号丘发现火葬遗

26　内蒙古自治区文物考古研究所：《白音长汗——新石器时代遗址发掘报告》，科学出版社，2004年。

27　辽宁省文物考古研究所：《查海——新石器时代聚落遗址发掘报告》，文物出版社，2012年。

28　中国社会科学院考古研究所内蒙古工作队：《内蒙古敖汉旗兴隆洼聚落遗址1992年发掘简报》，《考古》1997年第1期。

29　中国社会科学院考古研究所内蒙古第一工作队：《内蒙古赤峰市兴隆沟聚落遗址2002~2003年的发掘》，《考古》2004年第7期。

30　杨虎、刘国祥：《兴隆洼文化居室葬俗及相关问题探讨》，《考古》1997年第1期。

31　J. Mellaart. Catal Hüyük: *A Neolithic Town in Anatolia*. McGraw-Hill, New York, 1967, pp 204 - 209.

32　J. Mellaart, editor. *Excavations at Hacilar (1)*. Edinburgh University Press, 1970.

33　F. el-Wailly and B. Abu es-Soof, The Excavations at Tell es-Sawwan: First Preliminary Report(1964). *Sumer* 21, 1965, pp17 - 32.

图52　恰塔尔土丘遗址房屋及壁画

迹，有专门的火葬灶、火葬罐等[34]。推测西亚地区当时以居室葬、天葬、火葬习俗为主，追求灵魂的净化和升华，和裴李岗等"入土为安"观念有所不同。或许天葬仪式上被鹰类啄食后，会选择部分尸骨奉献给神灵。直到公元前4000年前后，才在西亚、埃及等地开始较多出现族葬墓地。

三

　　裴李岗文化等将族人墓葬置于特别选择的墓地，有序排列，土葬深埋，装殓齐整，随葬物品，体现出对死者特别的关爱和敬重。公元前

34　N. I. Merpert and R. M. Munchaev. Early Agricultural Settlement in the Sinjar Plain, Northern Iraq. *Iraq 35*, 1973, pp 97 – 113.

6000 年左右，由于中原地区的裴李岗文化的强势扩张影响，使得黄河流域大部交融联系在一起，并与长江中游地区文化发生交流，"早期中国文化圈"或文化上的"早期中国"开始萌芽[35]。在这样的特殊时期，在以裴李岗文化为核心的黄河、淮河流域出现族葬，应当是当时祖先崇拜观念和现实社会秩序显著强化的反映，且应当已经出现对祖先的顽强历史记忆。

裴李岗墓地以第一代先祖为中心安排墓葬，或如水泉墓地那样在中心部位设置祭坑，都是祖先崇拜的明确反映。由于裴李岗文化等缺乏东北地区兴隆洼文化人面形器所代表的偶像崇拜传统，尤其是缺乏西亚地区神庙、神坛、神祠、神像所代表的神祇偶像崇拜传统，可称之为"无偶像祖先崇拜"传统。再往后，裴李岗文化这种祖先崇拜传统流行于仰韶文化、大汶口文化，并影响至中国新石器时代大部分文化。黄河流域的无偶像祖先崇拜还传承至夏、商，至西周形成严格的宗法制度或宗族制度，并延续至近代。

裴李岗文化等族葬墓地分区分组，可能对应现实中不同层级的社会组织。以裴李岗和水泉墓地来说，都至少有群、区和墓地三个层次，可能对应家庭、家族、氏族三级社会组织。族葬墓地还有排、列，或许与辈分和性别等有关。随葬品既有男女之分，而且随葬较多特殊品的也多为男性，说明不但远近亲疏分层、长幼男女有序，而且一些宗教领袖的地位已经很突出。这种十分注重秩序的社会发展到公元前 4000 年前后的庙底沟时代，出现了最早的礼制，形成"中原模式"，并一直发展延续到西周甚至以后。

裴李岗文化等能够短期内有序安排族人墓葬，并长期（数百年之久）坚持在一个墓地（祖坟墓）埋葬，体现出对祖先的顽强历史记忆，可能也为后世子孙在这块地方长期耕种生活提供了正当理由和"合法性"。这种历史记忆传统延续至新石器时代晚期以至于夏、商、周三代。因此，祖先

---

35 韩建业：《裴李岗文化的迁徙影响与早期中国文化圈的雏形》，《中原文物》2009 年第 2 期。

的谱系传说在传世文献和出土文献材料占据核心位置，后世的家谱、墓志，也都着意追溯先祖——尤其是最远端的祖宗。需要强调的是，中国悠久发达的历史记述传统，应当主要源于以黄河流域华夏族团为核心的祖先历史记忆。不管后来社会怎样重组，政权如何变幻，但这种基于祖先崇拜的"根文化"依然长久延续[36]，裴李岗时代得以强化的祖先崇拜实际上成为古代中国"有中心多支一体"文化格局数千年连续发展的关键原因。

36　刘庆柱：《中华文明五千年不断裂特点的考古学阐释》，《中国社会科学》2019年第12期。

中国新石器时代的祀天遗存和敬天观念

——以高庙、牛河梁、凌家滩遗址为中心

一

　　"敬天"或对"天"和"上帝"的崇拜，是中华文明的核心特质之一，相关礼仪在西周就已完备。在周人观念中，"天"至高无上，"天""上天""昊天""皇天""旻天""上帝""昊天上帝""皇天上帝"等，异名同实，均指天地人间之终极主宰或至上神。周王称"天子"，治"天下"，灭商称行"天罚"[1]，得天下称受"天命"[2]，周人有着强烈的敬天思想、天命观或对"天"的崇拜信仰[3]，祀天是周人最高级别的祭祀礼仪。《周礼·春官·宗伯》："以禋祀祀昊天上帝，以实柴祀日月星辰，以槱燎祀司中、司命、风师、雨师"，这些受祀的"天神"们显然以"昊天上帝"为最高级别[4]，或者其他这些天神不过是昊天上帝的不同侧面，因为日月星辰等实际只是"天"的组成部分。周原甲骨和周金文也有"告于天"的记载[5]。

1　《尚书·牧誓》："今予发，惟恭行天之罚。"

2　《尚书·召诰》："我受天命，丕若有夏历年，式勿替有殷历年。"

3　《诗经·生民之什·板》："敬天之怒，无敢戏豫。敬天之渝，无敢驰驱。昊天曰明，及尔出王。昊天曰旦，及尔游衍。"《诗经·清庙之什·我将》："我其夙夜，畏天之威，于时保之。"

4　宋人王昭禹认为，"昊天上帝者指天帝耳。天者，帝之体。帝者，天之用。"见王昭禹：《周礼详解》第十七卷，文渊阁四库全书，台湾商务印书馆影印本。

5　如凤雏甲骨H11：96："小告于天，西亡咎"。何尊铭文："廷告于天"。

《周礼》所说祀昊天上帝的"禋祀"，意为燔柴升烟以达九天，如《仪礼》所言[6]。祀日月星辰的"实柴祀"，祀司中、司命、风师、雨师的"槱燎祀"，或实牲体，或燔燎玉帛，其实也都有燔柴升烟的内容[7]。《周礼》还明言冬至日于"圜丘"祀天[8]，《礼记》则说要在"泰坛"祭天[9]，在南郊举行"郊"祀以祭天帝[10]。《诗经》《逸周书》《国语》等记载郊祀的时候以周人始祖后稷配祭[11]。但祀天应当不止南郊，也不见得非要在人工建筑的丘、坛，在山巅祀天也应该是自古以来就有的重要形式[12]。按照周礼，祀天属天子行为[13]，但东周礼制渐弛，诸侯等也开始祀天[14]，更不能排除民间对天的信仰和礼拜。秦汉以降，祀天行为和敬天传统一直得以延续，成为许多政权合法性的仪式见证和思想源头。

类似周人的敬天观念，在商代已经存在，殷墟甲骨卜辞中的"上帝""令雨""令风""令雷""降我堇（馑）""降祸""降疾"，居高临下决定天气、年成、福祸等大事[15]，已是最高神的性质[16]。卜辞中的"天

6　《仪礼·觐礼》："祭天，燔柴。"

7　上引《周礼·春官·宗伯》文郑玄注："禋之言烟。周人尚臭，烟气之臭闻者。槱，积也……三祀皆积柴、实牲体焉。或有玉帛燔燎，而升烟所以报阳也。"

8　《周礼·大司乐》："冬日至，于地上之圜丘奏之，若乐六变，则天神皆降，可得而礼矣。"

9　《礼记·祭法》："燔柴于泰坛，祭天也。"

10　《礼记·郊特牲》："兆于南郊，就阳位也……于郊，故谓之郊。""郊所以明天道也。"《礼记·礼运》："故祭帝于郊，所以定天位也"。

11　《诗经·周颂·思文》："思文后稷，克配彼天。"《逸周书·作雒》："（周公）乃设丘兆于南郊，以祀上帝，配以后稷。"《国语·鲁语上》："周人禘喾而郊稷，祖文王而宗武王。"

12　《史记·封禅书》："自古以雍州积高，神明之隩，故立畤郊上帝，诸神祠皆聚云。盖黄帝时尝用事，虽晚周亦郊焉。"另参见杨天宇：《西周郊天礼考辨二题》，《文史哲》2004年第3期。

13　《礼记·曲礼下》："天子祭天地。"《礼记·王制》："天子祭天地，诸侯祭社稷，大夫祭五祀。"

14　《礼记·礼运》："（孔子曰）鲁之郊禘，非礼也，周公其衰矣！杞之郊也禹也，宋之郊也契也，是天子之事守也。"

15　胡厚宣：《殷卜辞中的上帝和王帝》，《历史研究》1959年第9、10期；朱凤瀚：《商周时期的天神崇拜》，《中国社会科学》1993年第4期。

御""侑岁于天"等，显示已存在人格化的天神[17]。《尚书·汤誓》"有夏多罪，天命殛之"，"夏氏有罪，予畏上帝，不敢不正"，《诗经·商颂》"天命玄鸟，降而生商"，"帝立子生商"，都显然将"天"和"上帝"作为一回事。这种情况甚至还可以前溯到夏代甚至更早时期[18]。

和丰富的记载相比，田野考古确定的夏商周时期的祀天遗存还很有限[19]。但实际上与祀天有关的遗存，早在新石器时代就已见于各地。本文以高庙、牛河梁、凌家滩三处典型遗址为中心，对中国新石器时代的祀天遗存和敬天观念略作分析。

二

高庙遗址位于湖南洪江市安江盆地的西北缘，地处沅江北岸的一级阶地，总面积约3万平方米。在遗址下层发现了一处属于高庙文化的大型祭祀场所，复原面积在1000平方米左右，年代约距今7800～7000年。祭祀场有4个边长约1米的方形大柱洞，发掘者推测原来应该是"排架式梯状建筑"，还有数十个祭祀坑、附属房屋等。祭祀坑中出土火烧过的牛、羊、鹿、龟、鱼等动物骨骼和螺壳，个别坑中有人骨。出土的白陶非常精美，上戳印有复杂图案，发掘者推测为祭器。白陶上的图案，有可以和祭

16　李亚农：《殷代社会生活》，上海人民出版社，1955年。

17　参见冯时：《中国古代的天文与人文》（修订版），中国社会科学出版社，2006年，第68页。

18　《尚书·甘誓》："有扈氏威侮五行，怠弃三正，天用剿绝其命。"《尚书·尧典》："乃命羲和，钦若昊天，历象日月星辰，敬授人时。"《尚书·舜典》："肆类于上帝，禋于六宗，望于山川，遍于群神。"

19　小屯丙组建筑基址瘗埋白苍成对玉璧，被认为属晚商王都内的祭天遗存；礼县西山遗址圆形夯土台基及祭祀坑，被认为与两周之际（公元前770年）秦襄公祭白帝的西畤有关，但白帝和昊天上帝还有一定差别。参见石璋如：《小屯》第一本《遗址的发现与发掘·乙编·殷墟建筑遗存》，史语所，1959年；王志友、刘春华：《秦、汉西畤对比研究》，《秦汉研究（第九辑）》，陕西人民出版社，2015年。

图 53　高庙和汤家岗遗址白陶戳印图案（右中出自汤家岗，其余出自高庙）

祀场主建筑对应的"天梯"图像，以及八角星纹、獠牙神面纹、日纹、鸟纹等[20]（图 53）。

　　高庙遗址边长约 1 米的柱洞所支撑的"排架式梯状建筑"应该是非常高的，其与白陶上的"天梯"图案互相对应，加上神面纹、鸟纹等与"天"有关的图案，以及可能为燎祭后瘗埋的动物牲坑、人牲坑等，足够复原出

20　湖南省文物考古研究所：《湖南黔阳高庙遗址发掘简报》，《文物》2000 年第 4 期；湖南省文物考古研究所：《湖南洪江市高庙新石器时代遗址》，《考古》2006 年第 7 期。

一幅可信的通天祭祀场景。这类祀天遗存的核心是很高的"天梯"，崇拜对象应该是神面、太阳和八角星形象所代表的神圣。高庙遗址位于地势并不高的阶地上，这可能正是建造"天梯"以通天的原因。从白陶图像看，这类"天梯"至少有三种，分别是三角顶的"梯阙"式、三道横架的电线塔式、斜出两条"天线"的金字塔式。

神面形象最突出的特征，是有一对或两对獠牙的似乎可吞噬一切的巨口，两侧一般还伸出双翼。从图像上看，略等于甚至更高于"天梯"，而且更为宽阔。贺刚将这样狰狞的庞然大物推定为"飞龙"，是比较令人信服的[21]，但因为描绘的是正面形象，所以看不到龙的身躯。在有的龙口的四角，各有一个弧边四角形加弧线纹的图形，也见于八角星纹的核心。龙形象常在一对"天梯"之间，或者被凤鸟所托举。

有的八角星复合纹图案颇为复杂：中央是弧边四角形，外接圆形，再外为八角星纹，最外面是多周圆形等。贺刚认为这表示当时已初创"天圆地方的宇宙观"[22]；其与大略同时或稍晚的蚌埠双墩遗址出土的"十""井""亞"等字形的刻符一样，可能确曾表达了四方五位、八方九宫、天圆地方的观念[23]。高庙的八角星纹，以及其他"十"字纹、对角线纹、八方纹、十六星纹，应该都是宇宙天地的象征，这些八角星纹等也常被凤鸟托举。也有八角星纹代表天极的说法[24]。

在有的八角星纹图像的下面，是类似人的双臂和躯体的图案，合起来很像是一个头为八角星复合纹的人形"神"，让人联想到《淮南子·精神训》里对人"头之圆也象天，足之方也象地"的描述。甲骨文、金文的"天"字，被认为是人形正面站立而有象征天盖的圆首，则这种有形之

21　贺刚：《湘西史前遗存与中国古史传说》，岳麓书社，2013年，第254～262页。

22　贺刚：《湘西史前遗存与中国古史传说》，岳麓书社，2013年，第342～345页。

23　冯时：《文明以止：上古的天文、思想与制度》，中国社会科学出版社，2018年，第46～78页。

24　李新伟：《中国史前陶器图像反映的"天极"观念》，《中原文物》2020年第3期。

"天"的观念[25]，可能在高庙文化时期即已形成。甚至高庙遗址所处沅江之"沅"字，也存在与"天"字有关的可能性[26]。在晚于高庙文化又与其一脉相承的汤家岗文化的白陶上，有更加规整的八角星纹，其四方部位各有一个类似人身和四肢的图形，"头"则共用中央的四角星纹[27]，应该属于高庙之人形"天神"的发展形态。

三

牛河梁遗址群位于辽宁西部建平、凌源和喀左三县市交界处，在南北长达10多千米的梁脊上，分布着至少20多个遗址点，最重要的"庙、坛、冢"等遗迹属于红山文化中期偏晚至晚期[28]，约距今5700～5000年[29]。其中占地面积近6000平方米的规模最为宏大的第二地点，有积石而成的多层坛冢，年代有早有晚。据地层关系和出土陶器看，四号冢的下层冢年代最早；上层冢的一对圆坛（Z4B1、Z4B2）年代其次；四号冢里叠压打破

25　参见冯时：《中国古代的天文与人文》（修订版），中国社会科学出版社，2006年，第66页。

26　《山海经·海内东经》："沅水山出象郡镡城西，入东注江，入下隽西，合洞庭中。"《山海经·中山经》："澧沅之风，交潇湘之渊，是在九江之间。"《楚辞·九歌》："沅有芷兮澧有兰。"可见沅水在先秦时期早已存在。沅即元，字形可能与"天"，与高庙的人形圆首天神有关。

27　湖南省文物考古研究所：《安乡汤家岗——新石器时代遗址发掘报告》，科学出版社，2013年，第55页。

28　辽宁省文物考古研究所：《牛河梁——红山文化遗址发掘报告（1983～2003年度）》，文物出版社，2012年。

29　牛河梁遗址红山文化中期偏晚和晚期的四个测年数据，其中三个的树轮校正年代分别为公元前3799～前3517年、公元前3771～前3519年、公元前3700～前3521年；还有一个为公元前3360～前2920年。综合考虑，暂将红山文化中期偏晚和晚期年代推定在公元前3700～前3100年。参见辽宁省文物考古研究所：《牛河梁——红山文化遗址发掘报告（1983～2003年度）》，文物出版社，2012年，第479页；刘国祥：《红山文化研究》，科学出版社，2015年，第18～20页；王芬、栾丰实：《牛河梁红山文化积石冢的分期和年代》，《中原文物》2016年第4期。

这对圆坛的方坛（Z4A）以及其西侧的三号冢（圆坛Z3）年代再次[30]，三号冢以西的一、二号冢（方坛Z1、Z2）有可能也大致在这个时间[31]；打破这些冢、坛的墓葬年代最晚（图54、55）。

年代最早的四号冢下层冢，已发现10座冢墓，分为四排，能看出形状的墓冢均为圆形，直径六七米，周围竖立一周无底陶筒形器，冢上平铺碎石，出土陶塔形器；每冢中央均有一墓，有的随葬精美的带盖彩陶瓮、斜口筒形玉器等。这些位于山梁上的圆形积石冢，很容易让人将其与后世祀天的"圜丘"或"天坛"联系起来；冢周缘的筒形器竖置以上下联通，也应该与沟通天地有关；冢上的塔形器虽有"祖"形器的说法[32]，但上下联通、上小下大，不排除是燎祭时置于柴薪之上以使烟气升腾的熏炉盖类器物；每冢中央的墓葬或许属于祀天的巫觋墓，当有配天或献祭性质，随葬的斜口筒形玉器上下直通，有可能为巫觋的通天道具。只是当时这样的小冢坛多达10座，或许是附近不同区域的人群集中到这个祀天圣地，各自举行仪式的结果。

四号冢上层冢的一对圆坛（Z4B1、Z4B2），每个都有三层阶台，每层阶台外缘以立石组成界桩，坛面堆石，外石界桩圈直径分别约19、15米。在内石界桩圈的内侧，竖立一圈陶筒形器，坛面中部还出有陶塔形器。从东侧圆坛（Z4B2）来看，其东侧向南还延伸出石砌东墙，与石砌南墙相交，如果西侧圆坛（Z4B1）以南原来也是这样，那么整体就是北圆南方的结构。很有可能圆坛祀天、方坛祭地或者作为圆坛的附属设施。圆坛面积比下层冢坛大很多，且仅有两个，或者代表出现了两个更大的祭

30　田广林、梁景欣：《关于牛河梁第二地点红山文化四号冢的几个问题》，《辽宁师范大学学报（社会科学版）》2018年第6期。

31　高云逸：《牛河梁遗址"女神庙"与积石冢年代的再认识》，《边疆考古研究（第26辑）》，科学出版社，2019年。

32　郭大顺：《牛河梁等红山文化遗址所见"祖先崇拜"的若干线索》，《辽河寻根 文明溯源——中华文明起源学术研讨会论文集》，文物出版社，2012年。

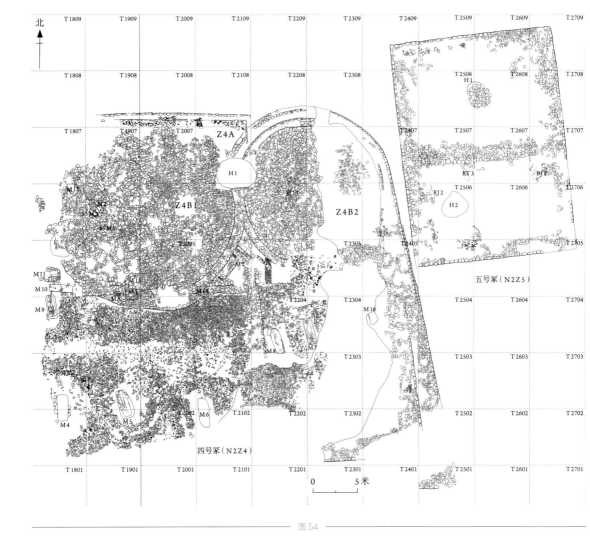

北

T1809 T1909 T2009 T2109 T2209 T2309 T2409 T2509 T2609 T2709

T1808 T1908 T2008 T2108 T2208 T2308 T2508 T2608 T2708
H1

T1807 T1907 T2007 Z4A T2407 T2507 T2607 T2707
H1 RT3 RJ2 T2706
M13 M18 RJ2
M2 Z4B1 Z4B2 H2
M1 T2005 T2506 T2606
M11 T2305 T2405 T2705
M10 M2 五号冢(N2Z5)
M9 M17 M14 T2504 T2604 T2704
M1 T2204
M16
M8 M7 T2304
M5 T2303 T2503 T2603 T2703
M6 T2202 T2302 T2502 T2602 T2702
M4 T2002 T2102
四号冢(N2Z4)
0   5米
T1801 T1901 T2001 T2101 T2201 T2301 T2401 T2501 T2601 T2701

图 54

图 54　牛河梁第二地点第四、五号冢遗迹平面图

图 55　牛河梁第二地点第一至三号冢遗迹平面图

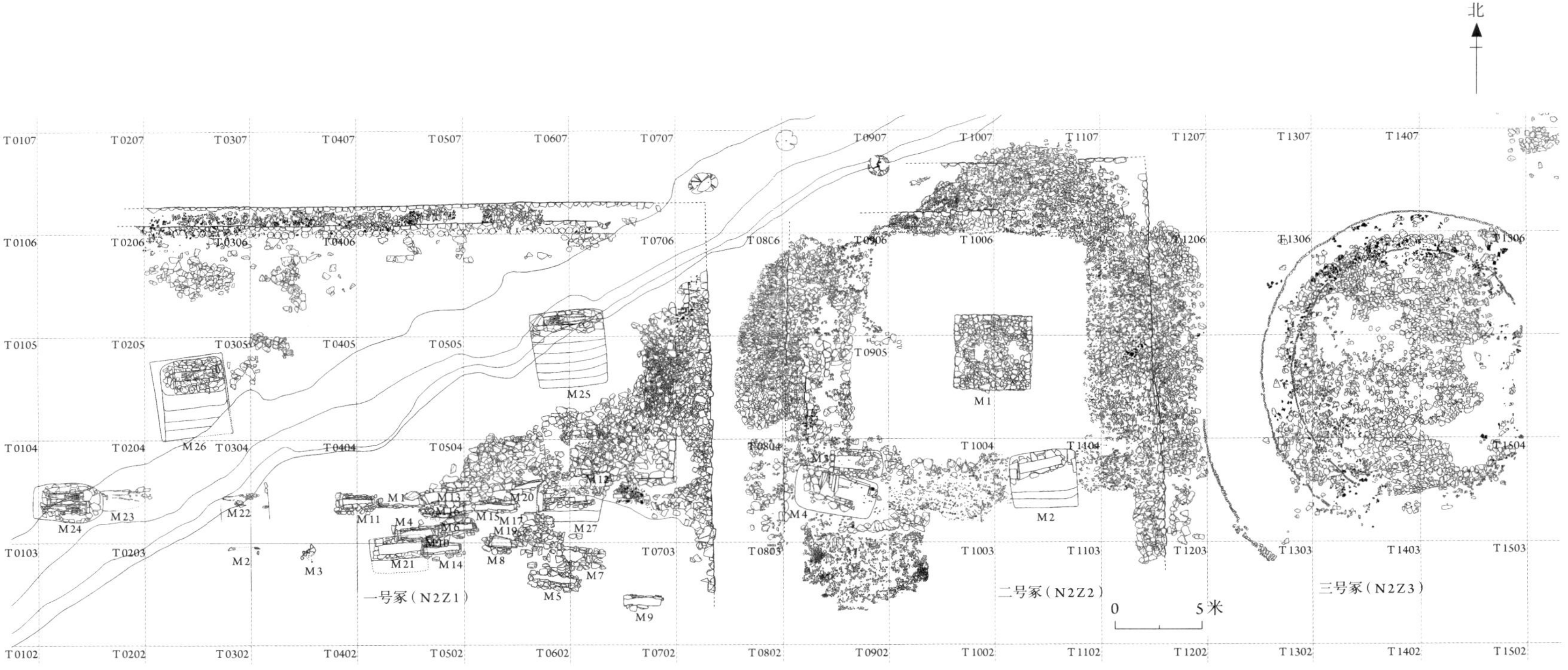

北

一号冢（N2Z1）

二号冢（N2Z2）

三号冢（N2Z3）

0　　　5 米

图 55

T0102 T0103 T0104 T0105 T0106 T0107
T0202 T0203 T0204 T0205 T0206 T0207
T0302 T0303 T0304 T0305 T0306 T0307
T0402 T0403 T0404 T0405 T0406 T0407
T0502 T0503 T0504 T0505 T0506 T0507
T0602 T0603 T0604 T0605 T0606 T0607
T0702 T0703 T0705 T0706 T0707
T0802 T0803 T0806 T0807
T0902 T0905 T0906 T0907
T1002 T1003 T1004 T1006 T1007
T1102 T1103 T1104 T1107
T1202 T1203 T1206 T1207
T1302 T1303 T1306 T1307
T1402 T1403 T1407
T1502 T1503 T1504 T1506

M1 M2 M3 M4 M5 M7 M8 M9 M11 M12 M13 M14 M15 M16 M17 M18 M19 M20 M21 M22 M23 M24 M25 M26 M27

祀集团，祭祀权力有明显集中趋势。圆坛中心已无墓葬，可能是为了更加突出祭祀对象本身的神圣性。

再晚些时候，大概形成了以3号圆形大冢坛（Z3）为中心，东有方坛（Z4A）、西有方形大冢（Z2）、西部外侧还有冢墓区的格局。3号冢坛和之前的圆坛结构类似，只是外石界桩圈直径扩大到约22米，内石界桩圈直径约11米，坛面中心最高。东侧四号冢的方坛（Z4A）的边长复原有12米多。这圆、方二坛，可能分别用于祭祀天地，而以祀天为主。冯时认为该圆坛是"迄今所见史前时期最完整的盖天宇宙论图解"[33]，并注意到该圆坛（圜丘）的外周（外衡）直径，恰好是内周（内衡）直径的两倍，和《周髀算经》里《七衡图》所示的外、内衡比值完全相同[34]。郭大顺说该圆坛"酷似明清时期北京天坛的圜丘"[35]。如果是这样，那牛河梁圆坛结构显示的天文思想也就有一个逐步发展成熟的过程，因为之前的四号冢上层冢的圆坛（Z4B1、Z4B2）还不见这样的比值。进一步来说，3号圆坛面积进一步扩大，且仅有一个，可能是牛河梁附近社会整合成一个祭祀集团的反映。圆坛旁边的大方冢（Z2）中心有牛河梁级别最高的大墓M1，其墓主人可能是祭祀天地的大巫觋。大方冢（Z2）和西侧冢墓区的大、中型墓葬，或为其他不同层级的巫觋，构成巫觋祭祀集团。

这些墓葬的随葬品基本都是精美玉器，除斜口筒形器外，璧、龙、凤、勾云形器、龟壳等也都应该与祀天有关。玉璧在周代文献中被认为是祀天礼器[36]，如郑玄所说"璧圆象天"，璧在红山文化时期可能已用于礼天，尤其数量较少的那种规整的圆孔圆形璧；而红山文化最典型的圆

33 冯时：《红山文化三环石坛的天文学研究——兼论中国最早的圜丘与方丘》，《北方文物》1993年第1期。

34 冯时：《中国古代物质文化史·天文历法》，开明出版社，2013年，第301～305页。

35 郭大顺：《红山文化的"唯玉为葬"与辽河文明起源特征再认识》，《文物》1997年第8期。

36 《周礼·春官·宗伯》："以苍璧礼天，以黄琮礼地。"

孔圆角方形璧，可能就是"天圆地方"的象征综合体，与凌家滩的洛书玉版相似。玉龙被认为像猪、熊或者蝉等昆虫的幼虫等，不管像什么，其实质应该是龙，加上玉凤，当与"天"有关；并且红山文化有的玉龙也有獠牙[37]，只不过远不如高庙白陶上表现的飞龙獠牙那样硕大。勾云形玉器或象征北斗天璇。玉龟壳可能与凌家滩的玉龟壳和贾湖的龟甲一样，蕴含以圆圈背甲象天、以方平腹甲形地的"天圆地方"的宇宙观[38]。此外，玉人双手抚胸、双腿略弯，显得十分虔敬，很有可能是祀天巫觋的真实写照。

当然，牛河梁除祀天遗存外，应该还有祭地、祭女神、祭祖等的遗存，兹不赘述。

四

凌家滩遗址位于安徽含山裕溪河北岸的岗地上，总面积约140万平方米，主体遗存属于凌家滩文化，年代约在距今5600～5300年之间。在遗址中心偏北位置发现一处祭坛残迹，复原起来或接近长方形，面积约1200平方米。祭坛由人工铺垫而成，最下面为纯净土层，中间是小石子和黏合剂合成的致密层，上面是小鹅卵石、小石子和黏土的混合层。在祭坛上面发现几处小积石圈和3座长方形小祭祀坑，祭祀坑内有陶器、石钺、禽骨等。还有一座编号为M1的椭圆形"墓葬"，内有红烧土颗粒，出土3件玉人、1件石"璧"和几件玉饰，朔知认为可能也属祭祀坑性质[39]。在祭坛的东南角有红烧土和很厚的草木灰遗存，在东南方向祭坛和居住区之间还有大面积的红陶土块建筑遗迹分布区，发掘者推测前者属于燎祭遗存，后者可能是

---

37 刘淑娟：《红山文化玉器类型探究》，《辽海文物学刊》1995年第1期，第22页（图一，3）。

38 在《雒书》中有灵龟"上隆法天，下平法地"的记载（《初学记》鳞介部龟第十一引）。

39 朔知：《凌家滩祭坛遗迹试论》，《凌家滩文化研究》，文物出版社，2006年。

图 56 凌家滩祭祀坑及出土石钺

图 57　凌家滩墓葬出土玉版和玉凤

"神庙"遗存[40]。在祭坛南部发现几十座墓葬，围绕祭坛而葬，尤其大墓均在祭坛正南部，推测大体应与祭坛同时且有密切关系，随葬品中的版、龟壳、龟形器、璧、"鸟"、龙、人等形态的玉器[41]，以及祭祀坑中的玉人、石"璧"等，都与"天"有一定关系。墓地西侧地点新发现的祭祀坑中出土了60多件经过燎烧的石钺及玉器等（图56）。

　　凌家滩最重要的玉器当属87M4出土的长方形玉版，在中心圆内刻一八角星纹，第二重圆内以八条直线八等分，每份里面刻一向外放射的箭头形，第二重圆外又向四角放射四条箭头形，玉版四边分别钻有5、5、4、9个小孔（图57）。陈久金和张敬国认为玉版的四方、八方与四象、八卦和季节有关，四边小孔的数目则与"洛书"吻合，当为"洛书玉版"[42]。钱伯泉将其直接看作是蕴含"天圆地方""地静天动"宇宙观的式盘[43]。冯时

40　安徽省文物考古研究所：《凌家滩——田野考古发掘报告之一》，文物出版社，2006年，第29~33页。

41　安徽省文物考古研究所：《凌家滩——田野考古发掘报告之一》，文物出版社，2006年；安徽省文物考古研究所：《安徽含山县凌家滩遗址第五次发掘的新发现》，《考古》2008年第3期。

42　陈久金、张敬国：《含山出土玉片图形试考》，《文物》1989年第4期。

43　钱伯泉：《凌家滩新石器时代遗址出土的玉制式盘》，《文物研究（第七辑）》，黄山书社，1991年。

也将其与式盘比较，认为体现了四方五位、八方九宫、天圆地方的观念[44]。现在我们知道这个"洛书玉版"和高庙八角星纹一脉相承。与玉版同一墓出土的玉龟壳，有稍圆圜的背甲和较方平的腹甲，二者都钻有小孔以互相连缀，或与"天圆地方"的宇宙观有关，不排除和贾湖、王因等的龟甲一样用于龟占。凌家滩最大墓葬07M23出土的3件玉龟形器，有的里面还放有玉签，发掘者张敬国明确指出其当为龟占用具。

凌家滩98M29出土的玉"鹰"也十分重要，它胸腹部刻划中有圆圈的八角星纹，两翅各有一个兽头，发掘者称其为猪头，有人说是熊头。猪的形象被认为与北斗有关[45]。其实这个造型，和高庙白陶上凤托举八角星和龙的图像很接近，如果这样，那这件玉器上的"鹰"或为"凤"，兽头或为"龙"头。98M16玉龙的发现，更是凌家滩存在龙形象的明证。07M23墓葬填土上方发现的巨型玉"猪"，也未尝不可视为玉龙首。凌家滩玉或石璧数量较多，虽然多数个体小，但也有外径12厘米多的较大的璧（如98M25:1），因此应当确实存在以璧礼天的行为。98M29还发现3件玉人，其他墓葬也有发现，抚胸屈膝的虔敬姿态和红山文化者神似，当为巫觋现象。

综合来看，凌家滩祭坛的主要性质当为祀天，祭坛南侧的墓葬也应主要与祀天巫觋集团有关。凌家滩祀天遗存应该基本属于高庙一类，比如所处地势都较低平，祭祀场地都大致呈长方形而非圆形，都有含义深邃的八角星纹。凌家滩虽未发现如高庙那样明确的"天梯"类遗存，但发掘者认为祭坛东南方向的大片红烧土块当为"神庙"遗存，不排除建有"天梯"类建筑的可能性。另一方面，凌家滩文化和红山文化晚期的玉器有诸多相似之处[46]，如玉人、玉龙、玉龟、玉斜口器，以及圆角略方玉璧、玉联璧

44　冯时：《文明以止：上古的天文、思想与制度》，中国社会科学出版社，2018年，第65～67页。

45　冯时认为中国古代有"以猪比附北斗的传统"。见冯时：《文明以止：上古的天文、思想与制度》，中国社会科学出版社，2018年，第538～548页。

46　田名利：《凌家滩墓地玉器渊源探寻》，《东南文化》1999年第5期；田名利：《凌家滩遗存与红山文化》，《文物研究（第十五辑）》，黄山书社，2007年。

等，多数体现凌家滩文化对红山文化宇宙观、祭祀信仰等精神层面因素的吸纳[47]，而玉龟、玉斜口器以及石钺等，则显示凌家滩文化对红山文化的反向影响。

五

我们可以将以上三个遗址的典型祀天遗存分为两类，即以高庙为代表的低地"天梯"类和以牛河梁为代表的山巅"圜丘"类。在早期中国各地，还有不少可能属于祀天遗存者，多数当可归属于这两类。

低地"天梯"类祀天遗存，因为很难发现如高庙那样巨大柱洞所代表的高大梯架式建筑和"天梯"形图像，所以只能做大致判定。比如仰韶文化晚期的庆阳南佐遗址，核心宫殿式建筑中央有直径3米多的圆形火坛，宫殿区周围有9座数十米见方的夯土祭台，可能与祭祀天地有关。再比如良渚文化的反山墓地，有随葬大量璧、琮的高级别墓葬，如将其上的神人神面纹解读为神人乘龙纹，加上玉器、漆器、美陶上常见的凤鸟纹，那就和高庙白陶图像内容很接近了[48]，但反山墓地是否与祀天大巫觋有关，目前尚不好确定。瑶山、汇观山上面的墓葬，随葬大量玉琮而不见或少见玉璧，应该并非年代早，而可能主要是因为其与祭地有关的缘故。

山巅"圜丘"类祀天遗存，在红山文化其他遗址还有发现，比如牛河梁第十三地点的高大圜丘[49]、喀左东山嘴的圆形小石坛[50]等。在包头阿善遗址发现有仰韶文化阿善三期类型的串珠状石堆遗迹，顶端最大的圆形石

47 李新伟：《中国史前玉器反映的宇宙观——兼论中国东部史前复杂社会的上层交流网》，《东南文化》2004年第3期。

48 贺刚：《湘西史前遗存与中国古史传说》，岳麓书社，2013年，第271页。

49 郭大顺：《红山文化》，文物出版社，2005年，第88～91页。

50 郭大顺、张克举：《辽宁省喀左县东山嘴红山文化建筑群址发掘简报》，《文物》1984年第11期。

堆底径8.8米，这些石堆周围还有葫芦形石墙围护[51]，这组遗迹可能也当属于圜丘类祀天遗存。

　　还有一些与可能"天"或者祀天有关的遗存，如属于裴李岗文化的舞阳贾湖遗址龟甲、骨规形器和骨板[52]，属于兴隆洼文化的阜新查海遗址中心的石堆巨龙[53]、塔尺营子遗址石牌形器上的獠牙神面纹[54]，属于双墩文化的蚌埠双墩遗址所出"十""井""亞"等字形的刻符[55]，属于大汶口文化的莒县陵阳河等遗址陶尊上的日鸟连山纹、弧边四角星陶文[56]，属于陶寺文化的陶寺遗址的半圆形"观象台"遗迹[57]等。考古发现有很大偶然性，现在能够初步确定的祀天遗存或与"天"有关的遗存还很少，没有发现的

51　包头市文物管理所：《内蒙古大青山西段新石器时代遗址》，《考古》1986年第6期。

52　龟甲除作为龟占工具，可能还象征天地；骨规形器和骨板被认为可能为观测天象之"规矩"。见河南省文物考古研究所：《舞阳贾湖》，科学出版社，1999年；河南省文物考古研究院、中国科学技术大学科技史与科技考古系：《舞阳贾湖（二）》，科学出版社，2015年；河南省文物考古研究院、中国科学技术大学科技史与科技考古系、舞阳县博物馆：《河南舞阳县贾湖遗址2013年发掘简报》，《考古》2017年第12期；李新伟：《中国史前玉器反映的宇宙观——兼论中国东部史前复杂社会的上层交流网》，《东南文化》2004年第3期；王楠、胡安华：《印证神话传说：贾湖遗址发现骨制"规矩"》，《中国城市报》2019年7月22日，第13版。

53　辽宁省文物考古研究所：《查海——新石器时代聚落遗址发掘报告》，文物出版社，2012年。

54　滕铭予、吉迪、苏军强等：《2015年辽宁省阜新蒙古族自治县塔尺营子遗址试掘报告》，《边疆考古研究（第25辑）》，科学出版社，2019年。

55　冯时认为这些刻符当表示四方五位、八方九宫等空间观念。见安徽省文物考古研究所、蚌埠市博物馆：《蚌埠双墩——新石器时代遗址发掘报告》，科学出版社，2008年；冯时：《文明以止：上古的天文、思想与制度》，中国社会科学出版社，2018年，第46～78页。

56　大汶口文化晚期最常见的上日形下火焰形的符号，和高庙的"天"字形图像也是比较相近的，加上下面的连山形，可以理解为山巅之上的日鸟合体或者山上之"天"。弧边四角星纹和高庙所见一样，可能与天之中或者天极有关。见王树明：《从陵阳河与大朱村发现陶尊文字谈起》，《东方考古（第1集）》，科学出版社，2004年；韩建业：《五帝时代——以华夏为核心的古史体系的考古学观察》，学苑出版社，2006年，第149～170页。

57　所谓"观象台"遗迹，也有可能是迎日祭天遗迹。见中国社会科学院考古研究所山西队、山西省考古研究所、临汾市文物局：《山西襄汾县陶寺城址祭祀区大型建筑基址2003年发掘简报》，《考古》2004年第7期；中国社会科学院考古研究所山西队、山西省考古研究所、临汾

地区，不见得就没有过祀天行为。如上引《史记·封禅书》所载，雍州也就是黄土高原主体区域自古以来就有在山上立畤祭祀上帝的传统，青兖州地区秦汉以后多见帝王在泰山、峄山封禅祀天之举，在泰山等地祀天有早到新石器时代的可能性。

总之，中国从大约8000年前的新石器时代中期开始，就出现比较复杂的宇宙观、明确的敬天观念和祀天行为，而且和"族葬"习俗最早只见于黄河流域不同，这种敬天观念和祀天行为从一开始就可能以"上层远距离交流"的方式[58]，出现于长江、黄河和西辽河流域，并在此后传承、交融和发展，延续至夏商周三代，乃至于秦汉以后的整个古代中国。敬天观念还和古天文学同步发展，对中国古代的政治制度、哲学思想、科学技术等产生了深远影响，和祖先崇拜一样，成为中华民族的核心文化基因。

市文物局：《山西襄汾县陶寺中期城址大型建筑ⅡFJT1基址2004～2005年发掘简报》，《考古》2007年第4期。

58　李新伟用"中国史前社会上层远距离交流网"的模式，来解释约公元前3500年以后中国各地出现的文化和社会共性。这一模式对于解释裴李岗时代中国大部区域在思想观念和知识系统方面的共性更加有效。见李新伟：《中国史前社会上层远距离交流网的形成》，《文物》2015年第4期。

南佐遗址初识
——黄土高原地区早期国家的出现

      南佐遗址位于甘肃省庆阳市西峰区西郊的后官寨镇南佐村，坐落于泾河支流蒲河左岸的董志塬上（图58）。董志塬是黄土高原最大的塬地，董志塬所在的陇东地区是传说中黄帝部族的重要活动地域[1]，也是以农业著称的周人祖先不窋、公刘等的老家[2]。南佐遗址于1957年由甘肃省文管会调查发现，被认为是一处"新石器时代仰韶文化遗址"[3]。1984～1986年，甘肃省文物工作队（后改为甘肃省文物考古研究所）和北京大学考古系对该遗址进行了第一阶段共三次发掘[4]；1994～1996年，甘肃省文物考

1　《史记·五帝本纪》正义引《括地志》云："黄帝陵在宁州罗川县东八十里子午山。"罗川县即今庆阳市正宁县。现正宁县东境子午岭西侧有传说中的"黄帝先人坟"。《史记》卷一，第11页，中华书局，1959年。现藏正宁县博物馆的北宋大中祥符二年（1009年）《大宋宁州承天观之碑》记载："兹县据罗川之上游，实彭原（即宁州）之属邑……轩丘在望，乃有熊得道之乡；豳土划疆，本公刘积德之地。"《大宋宁州承天观之碑》材料参见庆阳地区志编纂委员会《庆阳地区志》第五卷，第992～994页，兰州大学出版社，1998年；张维《陇右金石录》，甘肃省文献征集委员会校印本，1943年，第16028、16029页。

2　《史记·周本纪》载："夏后氏政衰，去稷不务，不窋以失其官而奔戎狄之间。"正义引《括地志》云："不窋故城在庆州弘化县南三里，即不窋在戎狄所居之城也。"弘化县即今庆阳市庆城区。《史记·秦本纪》正义引《括地志》云："宁、原、庆三州，秦北地郡，战国及春秋时为义渠戎国之地，周先公刘、不窋居之，古西戎也。"宁、原、庆三州，主要位于今庆阳，涉及平凉、陕北。《史记》卷四、五，中华书局，1959年，第112、113、206页。

3　倪思贤：《庆阳县发现新石器时代遗址》，《文物》1959年第1期。

4　赵建龙：《庆阳县疙瘩渠新石器时代遗址》，《中国考古学年鉴1986》，文物出版社，1988年；

149

古研究所进行了第二阶段共三次发掘⁵。这两个阶段的六次考古发掘，发现了丰富的仰韶文化晚期遗存，其中最重要的发现是大型建筑F1。2014年和2020年，甘肃省文物考古研究所对遗址核心区进行了勘探。2021年以来，甘肃省文物考古研究所、中国人民大学、西北工业大学、兰州大学组成考古队（以下简称"南佐遗址联合考古队"），对遗址展开第三阶段的考古发掘以及调查、勘探工作，取得了重大收获。考古发现表明，南佐遗址面积在600万平方米以上，核心区由9座夯土台及其

图 58 南佐遗址位置示意图

环壕围成，核心区中部偏北为环壕（护城河）和带围墙院落组成的"宫城"区，"宫城"中央为主殿F1。"宫城"区东侧的祭祀区域出土了白陶、黑陶等珍贵遗物和大量炭化水稻遗存。本文依据历次考古发现，尤其是2021、2022年两个年度的新收获⁶，简要陈述一下我们对南佐遗址布局结构、年

阎渭清：《西峰市南佐新石器时代晚期遗址》，《中国考古学年鉴1987》，文物出版社，1988年。

5　赵雪野：《西峰市南佐疙瘩渠仰韶文化大型建筑址》，《中国考古学年鉴1995》，文物出版社，1997年；赵雪野：《西峰市南佐新石器时代遗址》，《中国考古学年鉴1997》，文物出版社，1999年。

6　甘肃省文物考古研究所、中国人民大学历史学院、西北工业大学文化遗产研究院等：《甘肃庆阳市南佐新石器时代遗址》，《考古》2023年第7期；甘肃省文物考古研究所、中国人民大学历史学院、西北工业大学文化遗产研究院等：《甘肃庆阳南佐新石器时代遗址F2发掘简报》，《文物》2024年第1期。

代分期、文化性质等方面的初步认识，兼及黄土高原地区早期国家和文明社会的最初形成问题。需要说明的是，我们的许多认识还不够成熟，需要在今后的田野工作中进一步验证完善。

一、"宫城"区

"宫城"区包括"宫城"及其外环壕（护城河）。三个阶段的发掘主要集中在"宫城"区内。前两个阶段揭露出大型主殿建筑F1，近两年则基本弄清了以主殿F1为中心的"宫城"的大致格局（图59）。

所谓"宫城"，就是一个平面为长方形的大院落，东西宽约55、南北长约67米，面积近3700平方米，朝向约为南偏东10度，外围有残高约2、厚约1.5米的版筑夯土墙环绕，局部墙面残留有白灰面。"宫城"南部有平行的两道墙，间隔约3米，两道南墙都没有向西延伸到和西墙相连：内侧南墙在中部偏西南折与外侧南墙相连，外侧南墙向西延伸到接近西墙处与另一道南北向墙相连。内侧南墙开有3米宽的宫门，宫门和主殿F1的中门、中央大火坛在一条直线上，构成整个"宫城"的中轴线；宫门两侧各有3个柱洞，门外西侧有带火塘的夯土墙房间，当为门塾类建筑。外侧南墙类似后世的萧墙或影壁，向东错开几米也开有一道3米宽的门，两道墙之间的空间兼具瓮城功能，增强了"宫城"的封闭性和防御性。西、北宫墙外还发现有厚约5、残高约3.5米的护墙，护墙版筑得十分精整坚固。在宫墙护墙之外勘探和试掘，发现壕沟或"护城河"，宽约15、最深约12.5米，至少靠近宫墙一侧还有夯土护壁。加上"护城河"的话，整个"宫城"区占地面积就有上万平方米。宫城内部东、西两侧各有一列侧室（侧殿），大致对称分布，西侧室的西墙利用了西宫墙，东侧室和东宫墙相距两三米（图60、61）。从揭露面积较大的西侧看，共有3组两室连间建筑，每组之间为活动空间。这些侧室墙厚1米左右，残高1～1.8米，室内面积12～23平方米，建筑面积20～46平方米。部分侧

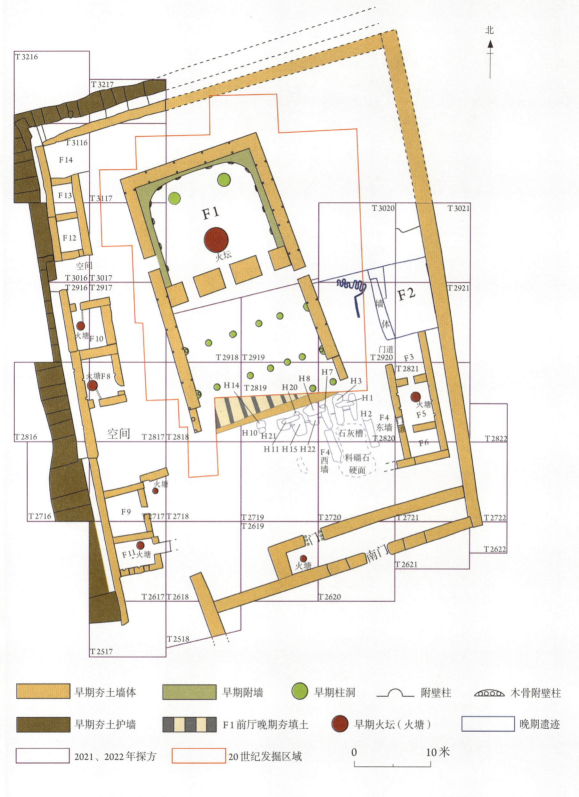

北

T 3216
T 3217
T 3116
F 14
F 13
T 3117
F 12
空间
T 3016 T 3017
T 2916 T 2917
火塘 F 10
火塘 F 8
空间
T 2816   T 2817 T 2818
火塘
F 9
T 2716   T 2717 T 2718
F 11 火塘
T 2617 T 2618
T 2517
T 2518

F 1
火坛

T 3020   T 3021
F 2
T 2921
墙体
门道
T 2920   F 3
T 2821
火塘
F 5
F 4 东墙
H 8 H 7
H 14 T 2819 H 20 H 3
T 2918 T 2919   H 1
H 2   F 4   T 2820   F 6
H 10 H 21   石灰槽
H 11 H 15 H 22   F 4
西墙   料礓石
硬面
T 2822

T 2816
T 2719   T 2720   T 2721   T 2722
T 2619   T 2622
东门   T 2621
南门
T 2620

早期夯土墙体　　　早期附墙　　　● 早期柱洞　　　⌒ 附壁柱　　　⌒⌒ 木骨附壁柱
早期夯土护墙　　　F1前厅晚期夯填土　　　● 早期火坛（火塘）　　　□ 晚期遗迹
2021、2022年探方　　　20世纪发掘区域　　　0　　　10米

图 59　南佐遗址"宫城"

图 60 东侧室（南→北）

图 61 东侧室 F5 白灰地面和火塘

室甚至活动空间内，有直径
1.5米左右的圆形浅盘状火
塘。部分侧室在门道一侧和
火塘之间有一凸棱，将房间
分为大、小两个功能区：大
区很干净，可能是休息睡卧
的区域；小区上面有动物骨
骼、陶石器及烧烤痕迹，可
能是炊煮区域（图62、63）。
侧室之间都有内部门道相
通，通过正门下台阶可与F1
两侧的走廊地面相连，足以
证明侧室与F1同时使用过。

图62　西侧室F8白灰地面和火塘、凸棱

图63　西侧室F10白灰地面和火塘、凸棱

侧室、活动空间、走廊都有夯垫地基，地面、内外墙壁和火塘都先后涂抹草拌泥和白灰面。

主殿F1为长方形，坐北朝南，朝向约为南偏东18度。南北长35、东西宽20.5米，建筑面积720余平方米，室内面积约580平方米，由"前厅"和"殿堂"两部分构成。主墙以版筑法夯筑而成，墙体内外表面有多层草拌泥墙皮，墙体厚约1.5、残高约2米；墙体内靠近内、外壁有对称分布的细柱洞，直径约0.15米，可能是作为墙体的"骨筋"。主墙东、西、北墙外均有宽约0.5米的散水台，还有排水沟，散水台、排水沟均经烧烤。"殿堂"南墙厚约2.6米，大致等距离开有三门，每个门宽约1.6米，其中东门附近有较多动物骨骼，可能与祭祀活动相关；"殿堂"内其余三面用椽筑法夯筑出厚约1米的附墙，使室内后部两角变为圆角，附墙上有12个均匀分布的扁长木骨附壁柱。"殿堂"前部有一个直径约3.2、残高约0.3米的圆盘状大型火坛，后部对称分布两个直径约1.7米大柱洞，应当是顶梁柱的柱洞。前厅南侧无墙，地面有三排柱洞（图64），每个柱洞直径0.7~0.8米。此外，"殿堂"西墙、前厅东墙曾各开一个侧门。F1的夯土地基厚度在0.5米以上，其上筑墙并铺垫地面，"殿堂"部分夯土地基之上还铺砌土坯，再先后涂抹草拌泥和石灰，仅白灰面就至少有6层。所有墙的内外表面、火坛甚至殿外散水台表面，也都涂抹多层草拌泥和白灰面。需要指出的是，F1地面比东、西侧室的地面低约0.5米，地基也低于东、西侧室，这种将最重要的建筑建于低处的做法具有黄土高原特色，与近现代当地"地坑院"的建筑思路一致。

F1地面的草拌泥和白灰面至少6层，反映了其作为主殿反复修缮使用的过程。其中"殿堂"西侧门在建附墙时已被夯土块封堵，可见该门使用时间不长。西侧门两边还有5只完整的犬骨被封在附墙内，封门时或有过祭祀仪式。F1停止使用后开始有计划夯填，夯填最精整的部分是前厅区，以黄、黑二色土相间版筑夯填，土质坚硬致密（图65），这可能是因为前厅没有前墙（南墙），只有这样才方便夯填起来；"殿堂"区夯填反倒

图 64 F1 前厅白灰面及西墙

图 65 F1 前厅地面及夯填土

图 66　F3 室内夯填土

粗疏，原因可能是四周有墙，只需要把黄土、黑土、红烧土块倾倒下去，简单夯打即可。不仅如此，此时"宫城"侧室、走廊等大部分空间都出现了夯填行为，侧室内空间一般夯筑致密精整，版筑痕迹明显（图66），侧室外的活动空间多是简单堆填。F1南面、宫墙内外等边缘空间夯填较为疏松杂乱，常见四周夯筑出"墙"后再在中间简单堆筑的情况。勘探和试掘表明，"宫城"周围的空间也经过有计划的填垫，只是没有"宫城"内讲究。这样一来，几乎就将整个"宫城"区夯填出一个高于原有地面约2米的高台基。在高台基上的F1以南位置，发现有夯土墙联排房屋，地面上铺垫料姜石并涂抹白灰，但因为接近地表而保存很差，其余区域则仅见零星白灰面碎块等。这表明在原来"宫城"区之上又营建了新的宫室建筑，只是总体建筑格局已不可知。

　　特殊的是，对大部分区域进行夯填处理的时候，在F1东侧却预留出了一个编号为F2的祭祀空间，占地面积约70平方米（图67、68）。F2地面和墙壁有过烧烤，东侧有一排南北向柱洞将室内空间内分为东、西两个

图 67　祭祀空间 F2（南→北）

图 68　F2 西北角

区域，东侧稍高的土台上原先摆放有彩陶罐、圜底缸、敛口瓮等大型完整器物（图 69），表明东侧土台可能曾作为"祭台"使用。F2 内堆积中包含大量陶片、石器、骨器、动物骨骼、炭化水稻、红烧土等，有的堆积层之上还以薄层黄土覆盖，应该是多次燎祭的遗存。很多陶片可以拼合，但又分散各处，当存在"毁器"行为。F2 西侧外还发现一处至少有 12 个弯道的河流状遗迹（图 70），面积约 15 平方米，表面涂抹白灰。河流状遗迹之上发现有成层的炭化水稻等堆积，应当也属于祭祀空间。

总体来看，以地层关系为依据，可将"宫城"区大致分为早、晚两期，早期即 F1 及其侧室等的主要使用时期，晚期即 F1 等废弃夯填并营建了新建筑的时期，F2 和弯曲的河流状遗迹也属于晚期。从测定的 50 多个碳-14 测年数据来看，F1 等早期地面草拌泥中木炭、炭化水稻的年代距今约 5100～4800 年，F2 等晚期遗存中的炭化水稻距今约 4800～4600 年。早期出土遗物很少，推测 F1 等在夯填之前可能进行过有意的清理，晚期的 F2 等出土物则非常丰富。早、晚期陶器看不出明显差别。所出喇叭口直颈尖底瓶和平底瓶、深腹罐、绳纹小罐、高领罐、深腹缸、敛口瓮、浅腹双腹盆或宽沿盆、翻折沿鼓腹盆、深腹盆、敛口钵、敞口碗、斜腹杯、釜灶、漏斗、抄、口外带勾鋬的鼓等绝大部分陶器，都与陕西宝鸡福临堡三期[7]、扶风案板二期[8]、蓝田新街[9]等仰韶文化晚期遗存大致相同，陶质、陶色和装饰也彼此相近，都以红褐陶为主，流行绳纹、附加堆纹，也有横向或斜向篮纹；均有黑、红、白诸色彩陶，彩陶花纹主体是从庙底沟式彩陶花纹演变而来的旋纹，都有在器物内外涂白衣的做法，甚至有些陶器上腹部装饰带戳印圆窝纹的特征

7　宝鸡市考古工作队、陕西省考古研究所宝鸡工作站：《宝鸡福临堡——新石器时代遗址发掘报告》，文物出版社，1993 年。

8　西北大学文博学院考古专业：《扶风案板遗址发掘报告》，科学出版社，2002 年。

9　陕西省考古研究院：《蓝田新街——新石器时代遗址发掘报告》，科学出版社，2020 年。

图 69 F2 底部烧结面及放有器物的土台

图 70 F2 外面西侧的河流形遗迹

也同时见于南佐、福临堡和新街遗址，长方形模制红砖同见于南佐和新街等遗址。当然，南佐陶器也有自身特点，带盖塞彩陶小口平底瓶、白衣篦、带盖子母口缸、圜底缸等比较特殊，有一定数量的白陶、黑陶、朱砂陶等，有些黑陶还是夹炭陶，绳纹小罐外箍白泥附加堆纹；彩陶明显多于陕西地区仰韶文化晚期遗存，和甘肃天水师赵村五期[10]、秦安大地湾四期晚段[11]彩陶更为接近，其平行线纹、重弧纹、圆形四分纹等彩陶花纹则自具特色。因此，南佐遗存当属于仰韶文化晚期范畴，可暂称"南佐类型"。此外，南佐"宫城"区还采集到仰韶文化庙底沟期的陶片，说明有仰韶文化中期遗存，只是具体遗迹等情况尚不明确。

二、核心区

南佐遗址核心区有九座夯土台，当地俗称"九女绾花台"。1957年南佐遗址发现之初，调查者就注意到地表有九个土堆，指出"北部一个较大的土堆呈圆形，高出地表3.75米，南北直径40.8米"，并从断面出土陶片判断其年代属于仰韶文化时期[12]。从20世纪六七十年代的航拍图上，也能看到大部分台子，其中北台呈圆形，其余为方形。2014、2020～2022年，甘肃省文物考古研究所和南佐遗址联合考古队先后对"九台"区进行调查和勘探[13]，对其基本情况有了大致了解（图71）。

"九台"大致呈倒"U"形分布，方向和中央主殿F1相同，北台就在F1中轴线的北端延长线上。北台地表部分大部已被挖毁，仅残留西部一长条。东、西两侧八台地表上现存台基的有五台，分别是西侧1～4号台（从北向

---

10 中国社会科学院考古研究所：《师赵村与西山坪》，中国大百科全书出版社，1999年。

11 甘肃省文物考古研究所：《秦安大地湾——新石器时代遗址发掘报告》，文物出版社，2006年。

12 倪思贤：《庆阳县发现新石器时代遗址》，《文物》1959年第1期。

13 甘肃省文物考古研究所、南佐遗址联合考古队调查资料。

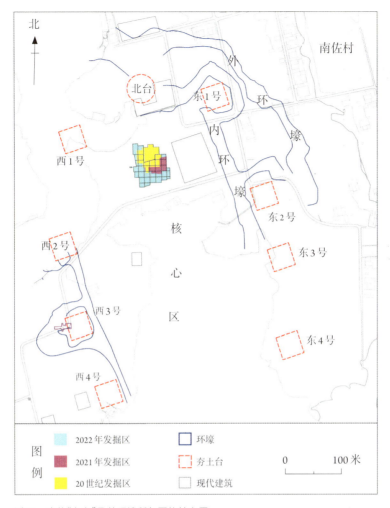

图 71 南佐"九台"及外环壕所包围的核心区

南编号)和东侧2号台,高于现地表2~4米(图72),有的台如西2号台大部分已塌落入冲沟消失。西4号台南侧还有夯土遗存,范围小于方台,推测可能是阙类建筑遗存,东侧对应位置可能也有,尚需要勘探确定。勘探和调查表明,西3号台约40米见方,残高5~7米(现地表以下两三米才到台基底部),下大上小,有可能为正棱台状,台基是用黄、黑二色土交替逐层夯筑(图73)。在台东勘探出残长约百米的台阶式道路,和台子东侧相连。这条道路东端现为中央冲沟,冲沟断面上有一两米厚的文化层,应当是后世水土流失所致(图74),冲沟所在位置原来可能是地势较低的胡同状

——— 图72 ———

图72　南佐东2号台（上）和西4号台（下）残迹

图73　南佐西3号台残迹

图74　南佐"宫城"区及中央冲沟（北→南）

图 73

图 74

南佐遗址初识——黄土高原地区早期国家的出现

的中轴大道。勘探发现，西3号台中央距离现存台基顶面5.5米以下有南北长9、东西宽7米的长方形坑，坑深约1.7米，坑内包含大量红烧土和炭屑，可能为夯筑台子之前的奠基坑。其余七台的情况应该和西3号台基本相同。

勘探还发现，在西2、3号台和东1、2号台的外侧，有紧贴台子边缘修建的内环壕，其余四台的结构应当大致相同。这些内环壕彼此连通，内环壕之外还有倒"U"形的外环壕。其中西侧北部的内、外环壕已被流水侵蚀成冲沟，但仍能看出和勘探出的东侧环壕对称的格局。南佐遗址区被当地人称为"南佐疙瘩渠"，很可能就是因为早先在地表看得见疙瘩（台）和渠（壕）。通过对西3号台西侧的解剖发掘可知，内壕局部宽约20、深约10米，在沟壁和底部还夯筑有2～4米厚的护壁垫底结构，以防流水侵蚀和渗漏。壕沟堆积靠下部位见有多层淤积层，沟内堆积和夯土层内发现的陶片均属于仰韶文化晚期，木炭标本的碳-14测年也与"宫城"区基本一致。此外，我们调查发现，"九台"西侧最北的冲沟断面上，仍残留有原先内环壕的夯土护壁。

"九台"及其环壕所围成的遗址核心区，面积约有30万平方米，除北部中央的"宫城"区外，其他区域也发现多处大型白灰面建筑群。"宫城"以南冲沟断面上还暴露出大量袋状窖穴，深5～10米，堆积物包括炭化粟黍、炭化水稻[14]、陶片、兽骨、红烧土、灰烬等，陶片均属仰韶晚期，这里很可能是一处大型仓储区，但已被严重破坏。核心区还应包括"宫城"以南已被冲毁的中轴大道，通向"九台"的台阶式道路，以及南端可能存在的门阙、池渠设施（"九台"内、外环壕的水须南流到池渠河道，最终西流汇入蒲河），整个核心区为中轴对称的封闭式格局，有点类似龟鼋背的形态。其中圆形的北台或为祀天的"天坛"，东西两侧的八个方台或为祭祀八方大地的"地坛"，这样的规划符合"天圆地方"的宇宙观，当然很多细节还需进一步的考古工作来揭示。

14　张文绪、王辉：《甘肃庆阳遗址古栽培稻的研究》，《农业考古》2000年第3期。

三、总体范围、结构布局及周边遗址情况

1957 年调查认为南佐遗址南北长约 800、东西宽约 300 米，那么面积就是 20 多万平方米，这与"九台"（不包括环壕）所围成的范围大致相当，近年出版的《甘肃省志·文物志》也有类似认识[15]。不同的是，《中国文物地图集·甘肃分册》记录该遗址面积仅 8.75 万平方米[16]。2014、2020 年甘肃省文物考古研究所进行勘探和调查[17]，认为遗址面积为 230 万平方米。2021~2022 年，南佐遗址联合考古队对遗址区附近进行较为详细的调查和勘探[18]，在遗址东部发现与核心区南北中轴线相距约 1 千米且大致平行的冲沟，在其北侧勘探出 2.5 千米长的两段地下沟，东部冲沟和地下沟有可能为聚落东侧外壕及向北连通的沟渠；西部情况不明，估计距南北中轴线 1 千米处原来应有壕沟；在遗址北部发现与"宫城"东西轴线相距约 1.5 千米且大致平行的沟渠，"九台"外环壕有沟渠与其相通，可能原来为北壕；在遗址南部约 1.5 千米处为南河沟（稠水沟），可能是聚落南界（图 75）。这样可能由壕沟和自然河沟围成的南佐聚落面积就在 600 万平方米左右，遗址总面积还应当更大一些。调查可知，在约 600 万平方米的聚落区域内，普遍分布着仰韶晚期、龙山时期和商周时期的陶片，以及白灰面建筑、灰坑等，周围则少见陶片。

勘探表明，在"九台"区周围至少有七八片白灰面窑洞式房屋居址区，每片面积都在五六万平方米，好几片外围还有环壕。我们对北部的一处居址区做了试掘，发现这些圆形的白灰面窑洞式建筑也有浅圆盘形火塘，只是白灰面装修更薄、更粗糙。所出陶器和"宫城"区出土陶器形态

15　甘肃省地方史志编纂委员会、《甘肃省志·文物志》编纂委员会：《甘肃省志·文物志》，文物出版社，2018 年，第 63、64 页。

16　国家文物局：《中国文物地图集·甘肃分册》，测绘出版社，2011 年，第 367 页。

17　甘肃省文物考古研究所调查资料。

18　南佐遗址联合考古队调查资料。

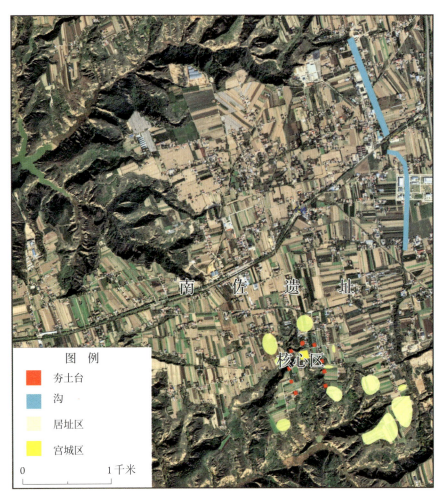

图75　南佐遗址布局平面示意图

接近，时代相同，以实用器类为主，但也有少量特殊的白陶、黑陶、朱砂陶等。据此推测，"九台"外各"小区"可能主要为下层贵族居住区，不排除有的是陶器作坊区的可能，而普通人居住的窑洞式房屋主要分布在河沟边坡地处。值得注意的是，遗址内勘探发现的沟渠、"九台"的内外环壕和"宫城"护城河等，实际上构成了较大规模的水利工程。

南佐遗址周边分布有不少同时期的遗址，南佐遗址联合考古队对西南方向的步地湾和东部的白马塬遗址进行了调查，这两个遗址距离南佐都有 10 多千米，面积均有几十万平方米，发现有白灰面窑洞式建筑和白陶、黑陶、白衣陶等陶片。南佐遗址周边的详细情况，有待下一步更大范围的系统调查来摸清。

四、重要意义

南佐遗址的考古发现，为探究黄土高原特别是陇东地区文明化进程提供了至关重要的资料，使我们认识到南佐当为都邑性中心聚落，南佐所在的黄土高原不但是最早迈入早期国家和文明社会的地区之一，而且社会发展程度之高超出以往的想象，其择中而居、主次分明、中轴对称的宫殿格局更是成为中国后世古典都城宫殿的祖型。

1. 南佐都邑巨大的建筑工程量彰显出国家力量

南佐聚落不仅整体规模巨大，而且宫殿、夯土台、壕沟等的工程量也很惊人。以聚落核心区"九台"来说，东西八台每座夯土台都有约 1600 平方米，圆形的北台可能更大，复原起来就像九座小金字塔；每座台子外围均有宽约 20、深约 10 米的内环壕，内环壕的侧壁及底部更有厚 2 ~ 4 米的夯土护壁垫底，内环壕外还有一周宽约 20 米的外环壕，内、外壕总长度估计在 5 千米以上，环壕工程总土方量当在 75 万立方米左右[19]。如果每两个人一天完成 1 个土方（包括夯筑护壁在内），大概需要 5000 人工作 1 年时间才能完成。如果以壕沟中挖出的土来筑台，每台平均就有 8 万多立方米的土可用，足够夯筑出 50 米以上的高台。实际上壕沟挖出来的土可能只有一小部分用于筑台，台子可能是下大上小的四棱台状，也不可能有那么高。筑台的土虽然是现成的，但夯筑本身费时费力，所费工时或许和挖筑壕沟相当。"宫城"区所有墙均以版筑、椽筑方法夯筑得十分坚实精整，

19　环壕口宽约 20、底宽约 10、深 10 米，总长度约 5000 米，内外环壕土方量就在 75 万立方米左右。

图76 南佐"宫城"区出土红砖

是国内年代较早、规模最大、保存最好的一批夯土建筑遗存。建筑材料还包括土坯和红砖（图76），各处地面、墙壁都以石灰多层涂抹装修，甚至宫墙也不例外，这也是国内最早大范围使用白灰面装饰建筑的实例。夯土技术、石灰装修技术以及砖和土坯的制作技术等，最早在南佐以成熟的形式同时出现，应当是建筑手工业专业化的体现，并对之后黄土高原乃至整个北方地区的建筑传统产生了重要影响。大致估算，"宫城"区建筑的工程量不会少于"九台"区；"九台"外其他区域还发现有多处白灰面窑洞式房屋居住区、壕渠水利设施等，加上外环壕，建设工程量更大。所有这些工程的主体部分理应是大体同时建造完成的，或许需要数千人劳作数年。据此推测，南佐都邑的人口或许有上万之众。也只有出现了强制性的区域"王权"，集合起国家力量，才有可能完成如此壮举。

南佐所在的董志塬上还有其他一些包含白陶、黑陶的较高级别的聚落，面积一般数十万平方米，可能是从属于南佐的卫星聚落。陇东甚至整个黄土高原，分布着大量仰韶晚期聚落遗址，但没有一处能够和南佐的规模相比。即便秦安大地湾聚落延续到这个时期，规模也远次于南佐。不过在大地湾和礼县高寺头[20]、扶风案板等遗址，都有类似南佐的

20　甘肃省文物考古研究所：《甘肃礼县高寺头新石器时代遗址发掘报告》，《考古与文物》2012年第4期。

宫殿式建筑，在蓝田新街、长安花楼子[21]等仰韶晚期遗存有类似南佐的朱砂陶、白衣陶、红砖等。南佐聚落如此大的体量，"九台"、壕沟、宫殿建造所需的强大组织调动能力，当是区域公共权力或者区域王权出现的有力证明。南佐都邑大概主要是从周围迁入很多人口集中规划建设而成，这必然会造成一定程度的血缘社会重组，形成具有地缘关系的早期国家组织[22]。由此推断，当时黄土高原地区已经出现了一个以南佐为核心的原生国家或"古国"。作为五千年前建筑工程量最大的都邑性聚落之一，南佐遗址彰显出了国家力量。

2. 南佐中轴对称宫殿建筑格局凸显了王权中心

南佐核心区及"宫城"区具有择中而居、中轴对称、主次分明的严整封闭式格局。"九台"及核心区位于聚落中心，"宫城"位于"九台"中心，主殿位于"宫城"中心，大火坛位于主殿中心。主殿坐北朝南，从主殿大堂后部两个顶梁柱中间，向南到主殿中门（共有三门）、"宫城"南门，构成大致南北向的中轴线，东西两侧的侧室（侧殿）和壕沟对称分布。再放大一些视野，"九台"呈倒"U"形排列，其中北台就在这条中轴线的北端，东西两侧各有四台互相对称（图77）。如此布局严整的多个圈层结构的南佐聚落，理应是阶级秩序的礼制性体现，开后世中轴对称古典宫殿建筑格局的先河。"九台"和主殿可能主要是祭祀礼仪场所，"宫城"区部分侧室（侧殿）可能是首领人物的居所，"九台"所围绕的核心区整体可能属于与"敬天法祖"相关的"圣区"兼首领贵族居住区。这是一种将神权和区域王权紧密结合在一起的、以王权为核心的建筑格局，与西亚等

21　郑洪春、穆海亭：《陕西长安花楼子客省庄二期文化遗址发掘》，《考古与文物》1988年第5、6期。

22　恩格斯提出国家的两个标志，一是"按地区来划分它的国民"，二是凌驾于所有居民之上的"公共权力的设立"。以地区划分国民，就是地缘关系的出现；凌驾于社会之上的公共权力，主要就是"王权"（［德］弗里德里希·恩格斯：《家庭、私有制和国家的起源》，《马克思恩格斯全集（第21卷）》（第2版），人民出版社，2021年，第194、195页）。

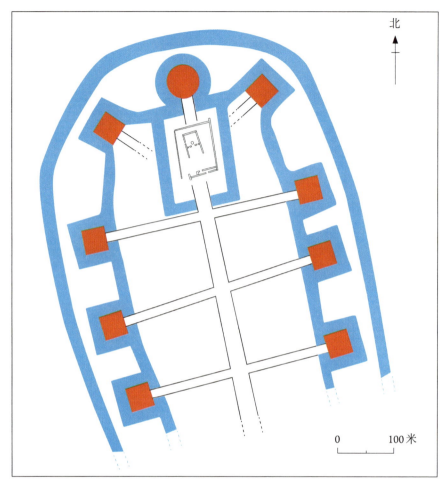

北

0   100 米

图 77 南佐核心区复原示意图

地神庙和王宫分开且以神庙为核心的布局理念有显著区别。

3. **南佐"宫城"区出土的精致贵重文物揭示出礼制和远距离贸易控制**
   的存在

   南佐"宫城"区出土了白陶、黑陶、绿松石珠等贵重物品，朱砂陶、白衣陶、白泥堆纹陶、成套的彩陶，涂抹朱砂的石镞、骨镞，以及大量炭化水稻遗存，与下层贵族和普通人居址区形成鲜明对照，显示当时不但有了较高水平的专业化分工，而且已出现礼制和阶级分化。

白陶、黑陶在黄土高原罕见，但在南佐"宫城"区却发现不少，精致者胎体最薄处仅有一两毫米，表面光滑细腻，有釉质光泽（图78）。如此轻薄精美的陶器，理应用快轮拉坯的方法制作，但我们在陶器上没有发现快轮旋转痕迹，其工艺技术还有待研究。彩陶是黄土高原传统，有些彩陶表面有釉质光泽，有些彩陶成套出土，具有礼器性质，比如在主殿以东祭祀区就集中出土9件小口平底的彩陶酒瓶，每件高度五六十厘米，还配有特殊的盖塞——既盖又塞，以防止酒精挥发（图79）。还有祭祀区底部祭台上出土的一件彩陶大罐，高近70厘米，外面有一周7组旋纹，旋纹以四分圆饼形图案为核心（图80）。南佐的朱砂陶、白衣陶、白泥堆纹陶等也都是具有祭祀礼仪性质的特殊器物（图81、82）。朱砂常涂在一种带有圆饼装饰的鼓类器物上，器表内外涂白衣（石灰）的做法则见于簋、双腹盆、钵、缸、罐、瓮等器物上。白泥（石灰）堆纹陶罐罕见于其他遗址，但在南佐仅"宫城"东部祭祀区就出土数

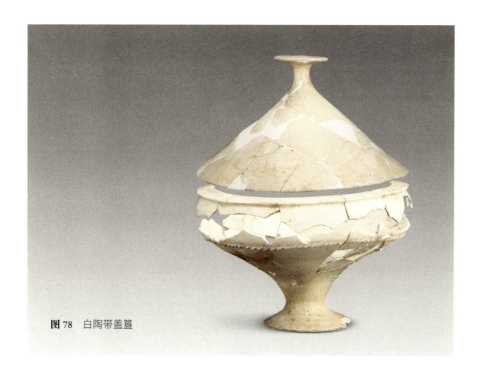

图78 白陶带盖簋

图 79

百件，形体大小不一（图83），可能是成套的祭祀礼器。中国科学院大学考古学与人类学系实验室对陶罐内残留物进行了检测，检测结果表明这些陶罐曾经盛放过动物肉类。经北京大学考古文博学院科技考古实验室测定，南佐大部分陶器烧造温度在1000℃以上，最高达1116℃，而新石器时代陶器烧造温度一般为700℃~1000℃。涂抹朱砂的石、骨箭镞也具有礼器性质[23]（图84、85），可能类似于周代天子赏

23　仔细观察，发现朱砂一般位于箭镞铤本连接处，推测朱砂原来主要涂在箭杆上，只是少量粘到了箭镞上面。

————— 图 80 —————

————— 图 81 —————

————— 82 —————

图 79　带盖塞彩陶平底瓶　　　　　图 81　朱砂陶

图 80　彩陶大罐　　　　　　　　　图 82　白衣陶簋

图 83

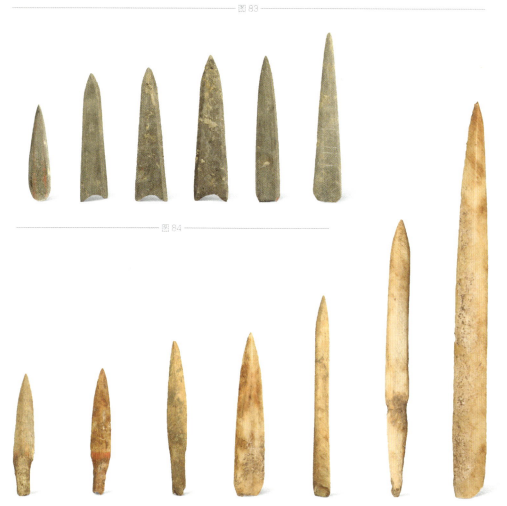

图 84

图 85

图 83　白泥堆纹小罐

图 84　涂朱砂石镞

图 85　涂朱砂骨镞

图 86　祭祀区炭化水稻

图 86

赐诸侯的"彤矢"[24]。令人惊讶的是，南佐"宫城"东部祭祀区发现有数以百万粒计的炭化水稻（图86），粟、黍数量极少，反之"宫城"其他区则是炭化粟、黍占绝大多数。黄土高原早期农业本以粟、黍为主，南佐先民以珍贵的水稻献祭神祇祖先，也应当是礼制的体现。

　　南佐"宫城"区出土遗物还体现出与长江中下游、黄河下游等地区的远距离联系。南佐出土的上腹有一周压印网格纹的红陶大口缸（图87），

24　《尚书·文侯之命》："王曰：父义和！其归视尔师、宁尔邦。用赉尔秬鬯一卣；彤弓一，彤矢百……"（清）孙星衍撰，陈抗、盛冬铃点校《尚书今古文注疏》，中华书局，1986年，第547页。应侯见工钟铭："王格于康，荣伯入右应侯见工，赐彤弓一、彤矢百……"中国社会科学院考古研究所《殷周金文集成》107，中华书局，1984年。宜侯矢簋铭："王令虞侯矢曰：迁侯于宜，赐……彤弓一、彤矢百……"中国社会科学院考古研究所：《殷周金文集成》4320，中华书局，1987年。

几乎和湖北天门邓家湾[25]、山
东泰安大汶口[26]等遗址出土的
陶缸完全相同。白陶簋、白衣
陶簋等的圈足特征，罕见于黄
土高原，但流行于屈家岭文化。
南佐黑陶有不少属于夹炭陶，
夹炭陶也是长江流域的古老传
统。据北京大学考古文博学
院科技考古实验室检测，南佐白
陶所用原料为高岭土和瓷石，
高岭土质量与后世制造白瓷的
瓷土接近，瓷石原料可能产自
南方。绿松石（图88）、朱砂原
料基本不见于黄土高原，南佐
发现的这两类原料有可能来自

图87　红陶大口缸

图88　绿松石饰

长江中下游地区。大量水稻不排除当地种植的可能性，但也有可能是从长
江中游等地远距离贸易获得。由此可见，南佐"古国"应当存在对获取稀
缺资源的远距离贸易的控制，这也是国家社会的特征。此外，南佐土坯、
石灰和陶砖的出现，以及"宫城"西侧壕沟内铜刀的发现，都不排除与早
期的中西文化交流有关，毕竟西亚的土坯（泥砖）、陶砖、石灰、铜器的
制作使用有更为久远的历史，而且距今5000多年以来中西文化交流的通
道已经开启[27]。

25　石家河考古队：《邓家湾》，文物出版社，2003年，第71页。

26　山东省文物管理处、济南市博物馆：《大汶口——新石器时代墓葬发掘报告》，文物出版社，
　　1974年，第90页。

27　韩建业：《早期东西文化交流的三个阶段》，《考古学报》2021年第3期。

下篇

中华文明的起源形成及其长存之道

中华文明是中华民族所拥有的高度发达、长期延续的物质、精神和制度创造的综合实体。

中华文明以其伟大、古老和延续至今而著名于世。人们自然会追问，如此伟大的中华文明，到底源于何时何地？其实中国人自古以来就有答案。女娲造人，伏羲画卦，神农教民稼穑，黄帝一统天下，大禹划分九州，历代中华先祖的伟大功绩，彪炳史册，见诸传说，不绝如缕。中华文明当然就应当是在源自"三皇五帝"，基于中华大地。但近几百年以来，情势大变，先是西方人杜撰出"中国文化西来说"，后有中国一些人发起疑古运动，内外夹击，中国传统的古史体系一度摇摇欲坠，甚至出现了"东周以上无史说"这样的极端言论。复原实证中国古史的重任，就这样历史性地主要落在了中国现代考古学的身上。

百年以来，安阳殷墟、郑州商城、偃师二里头、襄汾陶寺、神木石峁、余杭良渚、庆阳南佐，一个个关键性遗址被发掘，一页页"无字天书"被揭开，商史成为信史，夏史基本成为信史，"五帝时代"历史也有了诸多线索。考古证据显示的中华文明开端从商代晚期，到夏代晚期，到4000多年，5000多年，6000年，8000年，不断向前延伸。百年来我们见证了对中华文明的认识如何从被严重质疑到重新肯定，也经历了中华文明自身如何从低潮走向复兴。

大家都熟悉"中华文明五千年"的提法，但也有人说只有3700年，或者长达 8000 年。分歧为何会如此之大？需要从对"文明"和"中华文明"概念的理解开始。

"濬哲文明"（《尚书·舜典》），"其德刚健而文明"（《周易·大有·象》），"见龙在田，天下文明"（《易·乾·文言》），周代文献中的"文明"，指人类在道德修养、社会在礼仪制度层面达到的高度。而现在中文使用的"文明"一词，多指对西文词汇"Civilization"等的意译，一般将其解释为与"野蛮"相对的高级社会阶段或国家阶段，也有学者将其理解为一套长久传承下来的伟大文化传统，或者人类所创造的物质财富和精神财富的总合。

实际上，"文明""文明社会""国家"几个概念是需要加以区分的。恩格斯说"国家是文明社会的概括"，是将"国家"基本对等于"文明社会"而非"文明"。中华文明、两河文明、埃及文明，都是延续 3000 年以上的原生文明，而非三个狭义的"国家"或者"文明社会"。我们不妨将"中华文明"定义为中华民族所拥有的高度发达、长期延续的物质、精神和制度创造的综合实体。

很多人混淆了文明化进程中"起源"和"形成"这样两个阶段。中华文明形成是从中华大地上最早出现早期国家算起，而形成之前还有一个相当长的起源过程，而且这个起源过程可以分成两大步。

8000 年前迈开了中华文明起源的第一步

中华大地上最早的人类已有大约 200 万年的历史，后来连续演化并融合西来人种成分形成中华民族的先祖。距今 1 万多年以后稻作和粟作农业在南、北方分别起源，距今 8000 年前后"南稻北粟"二元农业体系初步形成，距今 6000 多年南、北方都已是典型的农业社会。中国有着广大的适合发展农业的地理空间和自然环境，加上其特有的二元农业体系，能够最大程度保障食物供给的稳定性，奠定了中华文明起源和形成的坚实基础。

　　发展农业最需要精准的农时，这只有观测相当稳定的天象才能做到。比如民间谚语说"二月二，龙抬头"，指的就是东方的龙角星在地平线升起的时刻，也是华北地区开始春耕播种的时节。"观象授时"在距今8000多年前就应该已经产生了。河南舞阳贾湖遗址发现的一种一端双叉、一端有把手的骨器，类似汉代画像上伏羲女娲拿的天规，还有一类骨尺类器物，这很可能就是"观象授时"使用的"规矩"。"观象授时"自然会引发对天的崇拜信仰，以及向天地神灵的卜问。贾湖发现的装有石子的龟甲，浙江义乌桥头和萧山跨湖桥遗址发现的六画一组的"八卦"类符号，都是比较明确的数卜证据。湖南洪江高庙遗址还发现"天梯"或"通天神庙"遗迹，白陶祭器上也有这类"天梯"图案，加上同出的大口獠牙的飞龙、飞凤、太阳等图案，显示当时确已出现祀天行为和敬天观念。高庙白陶上还有一种八角星纹和圆形的复合图案，被认为寓意"天圆地方"宇宙观，后来传播到中国广大地区。此外，贾湖龟甲上还刻有可能表示占卜结果的符号，类似符号还见于甘肃秦安大地湾等遗址。令人称奇的是，在和高庙相距遥远的西辽河流域，同时出现了大口獠牙的"见首不见尾"的龙形象，暗示早在七八千年前中国大江南北已出现"一元"信仰或宇宙观。

　　发展农业还需要很稳定的社会，这样的社会在8000年前也已经出现了。黄河流域裴李岗文化、白家文化等有着土葬的"族葬"墓地，这在同时期的亚欧大陆其他地区罕见。这些墓葬将逝去的人深埋地下，装殓齐整、随葬物品，体现出对死者特别的关爱和敬重，表明已有了显著的祖先崇拜观念。同一墓地分区分群、成排成列、秩序井然，可能体现同一氏族（宗族）的人群在亲疏关系、辈分大小等方面的秩序。同一墓地延续一二百年甚至数百年之久，说明族人对祖坟有着长久的记忆和坚守，也为后世子孙在这块地方长期耕种生活提供了正当理由和"合法性"。贾湖墓葬已有分化，大墓随葬骨"规矩"、龟甲、骨笛等"圣物"，而且墓主人基本都是成年男性，推测当时已出现祭祀首领和普通人之间的分化，可能已经进入到父系氏族社会。同时期西辽河流域兴隆洼文化的环壕村落，房屋排列整齐，社会也是很有秩序。

距今8000年前，中国大部地区出现了秩序井然的社会和一定程度的社会分化，产生了较为先进复杂的思想观念和知识系统，包括宇宙观、伦理观、历史观，以及天文、数学、符号、音乐知识等，这些思想观念和知识系统传承至今，构成中华文明的核心内涵。更进一步来说，当时中国大部地区文化已经初步交融联结为一个雏形的"早期中国文化圈"，有了文化上"早期中国"的萌芽。因此，8000年前已经迈开了中华文明起源的第一步。

6000年前迈开了中华文明起源的第二步

约距今6000年，仰韶文化的东庄—庙底沟类型在晋、陕、豫交界区迅猛崛起并对外强力影响，导致中国大部地区文化交融联系形成以中原为核心的三层次的文化共同体，"早期中国文化圈"或者最早的文化上的"早期中国"正式形成。

庙底沟类型的对外影响基于其社会变革所迸发的强大实力。约距今6000年以后，作为核心区的晋南、豫西和关中东部，聚落遗址数量激增三四倍，出现了明显的聚落分化，涌现出数十甚至超百万平方米的大型聚落，在核心区的河南灵宝西坡等遗址出现了200～500平方米的殿堂式建筑，以及随葬玉钺的大墓，钺当为军权的象征。随后出现了河南巩义双槐树和甘肃秦安大地湾中心聚落，两个聚落遗址面积都在100多万平方米，并且都有殿堂式建筑。

庙底沟时代其他地区也加快了社会变革的步伐。长江下游的凌家滩文化出现100多万平方米的中心聚落，最高级别的墓葬仅随葬玉器就达200件，随葬品中的"洛书玉版"，被认为蕴含天圆地方、四方五位、八方九宫的宇宙观，和高庙八角星纹一脉相承。大约同时期，在长江下游的崧泽文化、黄河下游的大汶口文化都出现大墓，长江中游的油子岭文化涌现出多座古城，西辽河流域的红山文化则有了牛河梁这样的超大型祭祀中心。

我们看到，庙底沟时代的黄河、长江和西辽河流域，出现大型聚落、大型祭祀中心，有了大墓、城垣、殿堂式建筑，以及大量美玉、美陶等，其建造或者制造需要较为强大的社会组织能力和较高的技术水平，显示已出现掌握公共权力的首领和贵族，社会开始了加速复杂化的进程，迈开了中华文明起源的第二步。

5100年前中华文明正式形成

恩格斯提出国家有两个标志，一是"按地区来划分它的国民"，二是凌驾于所有居民之上的"公共权力的设立"。以地区划分国民，就是以地缘关系代替血缘关系；凌驾于社会之上的公共权力也就是"王权"，建立在阶级分化的基础之上。以上述两个标志来衡量，距今5100年左右的长江下游和黄河中游地区，至少已经达到了早期国家或文明社会的标准。

长江下游的良渚文化以余杭良渚遗址为中心。良渚遗址有近300万平方米的内城、630万平方米的外城，有水坝、长堤等大规模水利设施。内城中部有30万平方米的人工堆筑的"台城"，上有大型殿堂式建筑，在级别最高的反山墓地，发现了随葬600多件玉器的豪华大墓。在良渚古城周围分布着300多处祭坛、墓地、居址、作坊等，可以分成三四个明显的级别。诸多超大规模工程的建造、大量玉器等高规格物品的制造、大量粮食的生产储备，都需调动广大空间范围内的大量人力物力，良渚古国无疑存在区域性的"王权"。

黄河中游仰韶文化晚期的中心聚落之一，是甘肃庆阳南佐遗址。该遗址发现有多重环壕，外环壕面积600万平方米以上，遗址中部是由两重内环壕和九座大夯土台围成的面积30多万平方米的核心区，再中间为有围墙的大型建筑区或"宫城"，中央的夯土墙主殿建筑面积700多平方米、室内面积580平方米。宫城附近出土了和祭祀相关的精美白陶、黑陶、彩陶，以及大量水稻。多重大型环壕、殿堂式建筑、"九台"的建造工程浩大，白陶等高规格物品的生产存在专业化分工，当时在黄土高原可能存在一个以南佐为核心的、拥有区域王权的"陇山古国"。

良渚和南佐都是短时间内集中建设而成的大都邑，建设需要调动较大空间范围的人力物力，已经打破了原有各氏族社会的局限，一定程度上凸显了地缘关系，意味着早期国家的出现。不过这个时期的地缘关系组织或者早期国家，还限制在中国局部地区，因此可称之为"古国"或"邦国"。当然，地缘关系的出现并非意味着血缘关系或族群的消失，实际上各族群只是经历了一番"成建制"的整合，血缘和宗族关系一直是中国社会的基础。

同时期黄河中、下游和长江中游地区社会也都普遍加速发展，初步进入文明社会或者站在了文明社会的门槛，比如郑州地区有以双槐树聚落为中心的"河洛古国"，海岱地区大汶口文化有城址及规模更大的墓葬，长江中游屈家岭文化有20座古城，其中最大的石家河城至少有120万平方米。

4100年前中华文明走向成熟

约距今4500年，在晋南出现面积约280万平方米的襄汾陶寺都邑，拥有宫城、宫殿建筑、高等级墓地、"天文台"等。约距今4300年，在陕北出现400万平方米的神木石峁石城，其核心的皇城台雄伟高大，外有壮观的石砌护坡，内有宫庙区及精美石雕。黄河以南的王湾三期文化则有禹州瓦店、登封王城岗、新密古城寨和新砦等重要聚落或者古城。这一时期的黄河中游地区有可能形成了一个以黄土高原为重心的大型社会或者早期国家，陶寺古城最有可能是其都邑所在地。黄河下游地区出现棺椁、随葬品成套的临朐西朱封大墓，长江中游的石家河文化依然古城林立，四川盆地的宝墩文化也有了面积约300万平方米的古城。

约距今4100年的龙山晚期，中原龙山文化大规模南下豫南和江汉两湖地区，很可能对应古史上的"禹伐三苗"事件，随即夏王朝诞生。按照文献记载，夏朝初年夏王已经初步具有"王天下"的"大一统"政治王权，中华文明从此进入成熟的"王国文明"阶段。约3800年进入以偃师二里头为都城的晚期夏王朝阶段，之后的商代和周代是更加成熟发达的文明社会。

中华文明的长存之道

8000年前中国大部地区已有"天圆地方""天人合一"的"一元"宇宙观，这是文化上的中国能够融为"一体"、政治上的中国"分裂时向往统一、统一时维护统一"的根源所在。中国地理环境广大多样，文化上的早期中国自然具有"多元"结构或多个样貌，中华文明起源也有不同的区域子模式。中华文明诚然是各区域文明社会互相融合、各地文明要素互动汇聚的结果，但黄河中游地区文化和社会发展连续性最强，多数时候都具有中心位置，起到过主导作用，黄河中游地区是中华文明之花的"花心"。

这样一个"一元"宇宙观和"有中心多元一体"格局的早期中华文明，既不同于西亚、希腊式的"城邦文明"模式，也不同于社会文化高度同质的"埃及文明"模式，而是将具有共同基础的多个支系的社会文化统一起来形成的特殊文明模式，可称为"天下文明"模式。"一元"宇宙观和敬天法祖信仰、"有中心多元一体"格局或"天下文明"模式，以及诚信仁爱、内敛和合等文化基因，是中华文明长存于世的根本之道，也是中华文明伟大复兴的根基所在。

敬天法祖信仰可追溯到 8000 年以前

一

　　每每看到中国人没有信仰的说法。正相反，中华文明传承发展数千年而至今充满活力，原因之一就在于中华民族始终有着无比坚定的信仰。古代中国人的深层信仰当然不是宗教，不是国产的道教，更不是外来的各种宗教。中国人深入骨髓的信仰是"敬天法祖"，这种信仰使得中国人能将自身置于天地宇宙古往今来的适当位置，永存诚敬之心，常有家国情怀，时时修积德慧，而非个人至上、物欲至上。

　　"观天之象，究天之极，行天之道，谓之敬天"，"敬天"就是对"天"和"上帝"的敬仰崇拜，与古人"观象授时"有密切关系，在此基础上形成天圆地方、天人合一的宇宙观和整体思维方式。敬天观念在商代已明确存在，殷墟甲骨卜辞中的"上帝"，居高临下决定刮风下雨、年馑收成、疾病福祸等很多事。《尚书·汤誓》记载"有夏多罪，天命殛之"，《诗经·商颂》记载"天命玄鸟，降而生商""帝立子生商"，生商灭夏都出自"天"或"上帝"之命。周人更是有着强烈的敬天思想、天命观或对"天"的崇拜信仰，祀天是周人最高级别的祭祀礼仪，只有周王才有资格祀天。周王尊称"天子"，因受"天命"而有资格统治"天下"。周代文献中，"天""上天""昊天""皇天""旻天""上帝""昊天上帝""皇天上帝"等，基本都指同一对象。《周礼》记载祀昊天上帝要实行"禋祀"，就是烧柴火使烟气上达九天,而且是要在冬至日于"圜丘"祀天。但实际上在山巅祀天也应该是自古以来就有的重要形式。秦汉以后,祀天行为和敬天传统一直得以延续,成为中国古代政权合法性的仪式见证和思想源头。

"安祖于土,守祖于陵,习祖于慧,谓之法祖","法祖"就是对祖先的敬仰崇拜,将祖先深埋于墓中,在宗庙祠堂或墓地祭告祖先,并传承祖宗血脉道统。商代祖先崇拜观念很浓厚,殷墟卜辞有大量祭祀商人历代先公先王的记载,商代墓葬也基本都是以血亲关系为基础的"族墓地"。周代有基于祖先崇拜的宗法制度,以及与此相关的祭祀制度、墓葬制度等,传世文献和金文当中有许多在各种场合祭告先祖的记载。《周礼》中将当时的"族葬"或"族坟墓"分为"邦墓"和"公墓"两类,还设专职官员管理。"法祖"建立在敬天观的基础之上,只有"敬天"才谈得上"法祖",《诗经》《逸周书》《国语》等记载周天子祀天的时候要以其始祖后稷配祭。祖先崇拜观念、宗族观念流传至今,成为中华民族孝慈伦理、家国情怀的渊薮。

二

从考古发现来看,敬天法祖信仰的形成由来已久,至少已有8000年的历史。

"敬天"可能源于观象授时,只有观测相当稳定的天象,才有可能掌握精准可信的农时,总结出后来的"二十四节气",从而为农业生产提供最根本的保障。中国农业起源已有1万多年历史,到距今8000多年前黄河、长江和西辽河流域普遍出现农业,已经初步形成"南稻北粟"的格局。有学者认为,8000年前农业的较快发展,很可能与比较成熟的观象授时方法或者天文学的诞生有关,这当然是有道理的,同时很可能也意味着祀天行为和"敬天"观念的产生。

考古学上比较清楚的祀天遗存,较早出现在湖南洪江的高庙遗址。

在这个遗址下层发现了一处距今接近8000年的大型祭祀场，里面的4个边长约1米的方形大柱洞，被发掘者推测为"排架式梯状建筑"遗迹，原来可能是一座很高的"通天神庙"。还有数十个祭祀坑，埋有火烧过的各种动物骨骼，个别坑中还有人骨，可能是燔柴燎祭后瘗埋的动物牲坑、人牲坑。出土的白陶祭器异常精美，上面戳印有复杂图案，有可以和祭祀场"通天神庙"或者"天梯"对应的图像，还有獠牙神面纹、八角星纹等。神面纹是在一个似乎可吞噬一切的巨口里面露出一对或两对獠牙，两侧一般还伸出双翼，这很可能是"见首不见尾"的"神龙"或"飞龙"形象，八角星复合纹则可能是"天圆地方""四方五位""八方九宫"宇宙观的体现。还有一些飞凤纹，一般都是托举着"飞龙"或太阳向天上展翅欲飞的形象。"通天神庙"、燔柴燎祭、飞龙飞凤，足以复原出一幅可信的祀天场景。

在辽宁阜新塔尺营子遗址的一块小石牌上，也发现了类似高庙的带獠牙的"神龙"图像，年代和高庙差不多。附近的查海遗址则在村落中心有一条长近20米的石块堆塑的龙。高庙和塔尺营子一南一北，相距数千千米，却都有类似的龙形象，说明龙可能已经是8000年前中国大部地区的崇拜对象，与其相关的敬天观也已成为萌芽状态的早期中国的共识。黄河流域和长江下游也有线索可寻。河南舞阳贾湖墓葬中出土了一种一头双叉、一头带把手的骨器，还有一种尺子一样的骨器，有人说它们是观象授时的工具，类似汉代画像上女娲伏羲手持的"规"和"矩"。随葬的龟甲里面装有石子，很可能是八卦类数卜的工具，有的在龟甲外面还刻有可能表示占卜结果的字符。龟甲和骨"规矩"常放在一起，推测龟甲或与骨"规矩"所观测的天地相关，不排除以较圆圈的背甲象天、以稍方平的腹甲形地的可能，也就是说可能已有"天圆地方"的宇宙观。甘肃秦安大地湾、陕西临潼白家遗址陶钵上的彩陶符号，浙江义乌桥头遗址陶器上的彩陶八卦类卦画符号、萧山跨湖桥遗址角木器上的刻划八卦类数字卦象符号，都和贾湖的数卜密切相关，他们很可能拥有类似的敬天信仰。

8000年前产生的敬天信仰和天文学体系，此后长期延续发展。距今6000多年河南濮阳西水坡遗址的蚌塑"龙虎墓"是二十八宿天文体系已经成熟的明证，而距今5500年左右安徽含山凌家滩的祭坛、八角星纹"洛书玉版"、玉璧，距今5100年左右辽宁建平和凌源交界处牛河梁遗址的三层祭天"圜丘"遗迹等，则都显示出明确的祭天场景和"天圆地方"的宇宙观。大口獠牙的神龙形象，以及各种具象的龙形象，在距今8000年以后也越来越常见。良渚文化、肖家屋脊文化玉器上的"神人兽面纹"，商周青铜器上的"饕餮纹"，其实都是高庙龙形象的延续，也是敬天信仰传承发展的见证。

地球西边的西亚文明、埃及文明等，有发达的神祇崇拜传统，神多、偶像多、神庙多、祭司多，但却少见敬天信仰。比较例外的是苏美尔早期有对天神安努的信仰，《苏美尔王表》开头就有"王权从天而降，落在了埃利都"的记载，《吉尔伽美什史诗》当中有关于安努的传说，乌鲁克遗址有5000年前安努的神庙。在楔形文字中苏美尔人是来自东方的"黑头人"，苏美尔语和当地的闪含、印欧语系没有关系，反而和阿尔泰语系、汉藏语系有相近之处。苏美尔的敬天信仰是否和中国有关，是一个耐人寻味的话题。

三

"法祖"固然源于血缘关系，但"法祖"观念为何在中国如此根深蒂固？恐怕和"以农为本"的观念有莫大关系。发展农业需要较为长期的定居，生于斯长于斯死于斯葬于斯，是中国人代代相传的信念。中国人强烈的"老家"情怀从先人的坟头开始。

墓葬的出现已有数万年的历史，但出现秩序井然的"族墓地"却不过8000多年，且主要流行于黄河流域的裴李岗文化、白家文化和后李文化，以黄河中游地区的裴李岗文化最具代表性，比如舞阳贾湖、新郑裴李岗、郏县水泉等墓地。这些墓地的第一个特点，就是"入土为安"，将祖先深埋于地下，并且装殓齐整、随葬物品，还实行墓祭，显示出对死者特别的关爱和敬重，是祖先崇拜观念显著加强的体现。第二个特点，是每个墓地可以分区分群，还成排成列，有明显的空间秩序，可能体现同一氏族（宗族）的人群在亲疏关系、辈分大小等方面的差别和秩序。第三个特点，同一墓地延续一二百年甚至数百年之久，说明族人对远祖的栖息地（祖坟）有着长久的记忆和坚守，体现出对祖先的顽强历史记忆，可能也为后世子孙在这块地方长期耕种生活提供了正当理由和"合法性"。这样的"安祖于土"的族葬习俗，在中国自8000多年以来延续至今。

西亚同时期的丧葬情况和中国差别很大。从安纳托利亚恰塔尔土丘遗址等的情况看，那里流行居室葬、火葬、天葬，但罕见大规模的土葬公共墓地。居室葬、火葬、天葬的共同之处都是不对死者尸骨进行妥善安置，可能表达了追求灵魂纯洁的观念，却很难真正体现祖先崇拜信仰。西亚、埃及等地当然有族墓地的情况，但年代较晚，主要是在距今6000多年以后，出现的背景也值得深思。

中华文明的突出特性贯穿古今且相互联系

从考古发现并结合文献记载来看，中华文明的突出特性都能追溯到史前时期，贯穿文明起源、形成和发展全程，且相互之间存在密切联系。

连续性是中华文明最突出的特性

中华文明突出的连续性在世界范围具有唯一性，几千来中华民族一直走在一条属于自己的道路上。

中华文化植根于大约距今 200 万年以来的旧石器时代，肇始于 1 万多年以来的新石器时代早期。至距今 8000 多年的新石器时代中期，大部地区出现共有的宇宙观、伦理观、历史观和较为复杂的知识系统，迈开了中华文明起源的第一步。距今 6000 年前后各地涌现出大型聚落、大型祭祀中心、大型建筑、大型墓葬等，迈开了中华文明起源的第二步。距今 5100 年前后出现良渚和南佐这样数百万平方米的都邑性聚落，有了拥有区域王权的早期国家，中华文明诞生。距今 4100 年以后建立了初步具有"大一统"天下王权的夏朝。夏、商、周王朝相承相替，经秦汉以后历代以迄于今，早先产生的思想观念和知识系统绵延至今，中华文明始终只有一个且持续稳定发展。此外，至少从距今 8000 多年以来，中华民族的民族主体和语言主体得以延续发展，汉字至少可以追溯到四五千年前。其他大家日常熟悉的物质和精神文化方面的连续性表现还有很多，例如中国典型的榫卯木结构建筑、"南稻北粟"的农业格局、蒸煮食物的习俗、佩戴玉器的习俗等，都可以追溯到上万年前，中国特色的夯土建筑技术和中国特色的丝织品、漆器等，也都可追溯到至少五六千年前。

创新性是中华文明连续发展的动力所在

中华文明古老而又常新，与时俱进、守正创新是中华文明的突出特性，不断创新为中华文明连续发展提供不竭动力。

中华文明的物质创造不胜枚举。2 万年前发明了世界上最早的用于炊煮食物的陶容器（釜），1 万年前发明了榫卯木结构建筑技术，驯化了大米（水稻）、小米（粟、黍）和猪，为中华先民的日常生活提供了保障，促进了人口繁衍。五六千年前发明了夯土建筑技术、养蚕丝织技术、漆器制作技术，为都邑聚落的建设和社会复杂化准备了条件，促进了文明社会的形成。4000 多年前发明了复合陶范铸造青铜器的技术，为夏商周三代王国文明的发展提供了技术支持。2800 年前发明了以生铁为本的钢铁冶炼技术，引发了生产力的大发展和社会大变革。此外还有中医药的发明，为中华民族的健康保驾护航数千年。秦汉以后还有包括"四大发明"在内的更多发明创造。

中华文明精神创造的最重要时期是距今 8000 多年前，中国大部地区出现了共有宇宙观即"天圆地方"观和敬天观，体现在八角形纹、龙凤形象及其祀天仪式，含石子龟甲、八卦符号及其数卜龟占行为，骨"规矩"、律管及其观象授时行为等方面。同时大部地区出现了共有的伦理观和历史观，即重视亲情、崇拜祖先、牢记历史的观念，集中体现在"入土为安"的"族葬"习俗中。这种"敬天法祖"的信仰或观念，孕育了整体思维、天人合一、追求秩序、稳定内敛、和合大同等文化基因。祀天行为和敬天传统的延续传承，成为后世中国古代政权合法性的仪式见证和思想源头，现在则发展为尊重自然、敬畏自然的观念。祖先崇拜观念、宗族观念流传至今，成为中华民族孝慈伦理、家国情怀的渊源。

统一性是中华文明连续发展的重要基础

中华文明的统一性主要体现在文化和政治两个层面。文化上统一性的表现就是"一体"结构的文化上中国的形成和延续发展，政治上统一性的表现就是"大一统"特征的政治上中国的形成和延续发展。文化上和政治上的中国都是中华民族不断交流交融的结果，而且文化上的中国是政治上的中国分裂时向往统一、统一时维护统一的重要基础。

中国各区域文化的交流融合在旧石器时代即已开始，距今8000多年后文化交流加速，在中原地区裴李岗文化的纽带作用下，各文化系统初步联结为一个相对的文化共同体，从而有了早期中国文化圈或文化上早期中国的起源。约距今6000年，中原核心区的仰韶文化东庄—庙底沟类型向外强力影响，其他文化之间的交流交融也显著加强，中国大部地区文化融合成一个以中原为中心的三层次的超级文化圈，文化上的早期中国正式形成。到距今4000年左右夏朝建立的时候，文化上早期中国的范围西到新疆，西南到西藏、云南，南至两广，东南至包括台湾在内的沿海地区，东达山东半岛，东北达黑龙江地区，北部涵盖整个内蒙古中南部甚至更远，远大于秦汉以来大部分王朝的政治疆域范围。

距今5100年左右中华文明形成，在黄土高原和太湖周围等局部地区有了早期国家。距今4700多年进入庙底沟二期或者广义的龙山时代以后，黄土高原尤其是陕北地区的急速崛起和以东地区文化格局的突变，很可能与轩辕黄帝击杀蚩尤的涿鹿之战有关。按照《史记·五帝本纪》等文献的记载，轩辕黄帝征途所至，东至海岱、西至陇东、南达江湘、北到华北，当时可能已有了萌芽状态的"天下王权"，政治上中国的起源。约距今4100年夏王朝诞生，夏王已经初步具有"大一统"政治王权，政治上的中国形成。经商、周王朝，至秦汉形成中央集权郡县制的"大一统"国家。

中华文明文化和政治上的统一性，植根于中国相对独立的地理环境，以及8000多年前早已形成的共有的"一元"宇宙观、伦理观、历史观，现在则成为中华民族共同体意识的源泉所在。

包容性是中华文明连续发展的活力源泉

中华文明的包容性表现在内部多支文化的互通互融、多个社会发展子模式的相互借鉴，和不断兼收并蓄外来文化新鲜血液的能力。突出的包含性使中华文明充满活力，蕴藏多种发展契机，能够适应各种环境变化不断前行。

中国的地理环境广大多样，文化也可分为多个支系。就先秦时期来说，现已命名的考古学文化数以百计，可归纳为多个考古学文化大区或大系统，比如苏秉琦就有六大区的划分方案，即以燕山南北长城地带为重心的北方，以山东为中心的东方，以关中（陕西）、晋南、豫西为中心的中原，以环太湖为中心的东南部，以环洞庭湖与四川盆地为中心的西南部，以鄱阳湖—珠江三角洲一线为中轴的南方。文明起源和形成过程也有多种路径或多种子模式，我们将其归纳为"东方""中原""北方"三种模式。"东方模式"富贵并重，物质文化发达，社会分工明确；"北方模式"重贵轻富，物质文化不很发达，社会分工有限；"中原模式"介于二者之间。这些"多支"的文化及其人群不断交流交融、相互包容，形成我中有你、你中有我的"一体"局面；这些小有不同的社会发展子模式相互借鉴，共同奏响了中华文明起源、形成和早期发展的主旋律。求同存异，和而不同，和谐共存，是"多支一体"的中华文明维持秩序、稳定发展、绵长延续的秘诀之一。

中国从来都不是自立于世界之外的，除去旧石器时代的人类迁徙，真正意义上的中西文化的相互交流至少在5000多年前就已经出现，在此后的千余年时间里，西方的绵羊、黄牛、小麦、青铜技术、马车等先后传入中国，成为中国文化的有机组成部分，对中国经济格局的变革、生产力的发展，乃至于中华文明的形成和早期发展，都起到了促进作用。丝绸之路开通后中外文化交流更加频繁、内容更加丰富。可以说开放包容是中华文明连续发展的重要原因之一。

和平性是中华文明连续发展的必要条件

由于各地区各民族持续地交流交融，文化上的中国范围不断扩大。但夏代以后中国历代的政治疆域都小于文化上中国的范围，中华文明在数千年的起源、形成和发展过程中，主体范围也基本保持稳定，基本没有大规模对外扩张的现象。中国当然也有冲突战争，但和平发展是主旋律。中国史前时期就很少有专门武器，新石器时代最常见的武器弓箭和钺，无非是狩猎所用弓箭和伐木工具斧的改进版。即便是欧亚草原主要用以打造兵器和工具的青铜，到了中国也多被铸造成象征社会秩序的铜礼器。

中华文明突出的和平性基于广大深厚的农业基础。中国主体位于气候适中的中纬度大河地区，具备农业发展的良好条件，有着世界上最大范围的农业区。农业生产需要较长的周期，种子的选育、土地肥力的维持、生产工具与设施的制备、水利设施的建造维护、生产经验的传承等，都需要长期稳定的社会秩序，长此以往就会积淀出追求秩序、稳定内敛、爱好和平的文化基因。中华文明的和平性是刻在骨子里头的。

从比较视野深刻认识中华文明自古以来就有的突出特性

中华文明有五个方面突出特性，即突出的连续性、突出的创新性、突出的统一性、突出的包容性和突出的和平性。只有全面深入了解中华文明的历史，准确把握中华文明的突出特性，才能真正建设好中华民族现代文明。

中华文明是唯一没有断流的原生文明

中华文明以其伟大、古老和延续至今而著名于世。人类历史上有过很多文明，但原生文明仅有亚欧大陆的中华文明、古西亚文明、古埃及文明，以及中美洲文明。亚欧大陆的三大原生文明都形成于大约距今5100年前，但古西亚文明和古埃及文明都在延续三千多年以后消失了。西亚最早的由苏美尔人创建的苏美尔文明在距今4000年左右就已退出历史舞台，此后是亚非语系人、印欧人等创建的巴比伦、亚述、赫梯等文明，2000多年前楔形文字不再使用，意味着古西亚文明基本消亡。古埃及文明在古西亚文明消亡前后也已衰落，先后被希腊、罗马征服，但还勉强延续了几百年，至公元7世纪被阿拉伯人消灭，成为"失落的文明"。当百余年前考古学家重新发现楔形文字和象形文字的时候，已经没有人认识那些死文字。中美洲文明从距今3000多年前开始形成，15世纪后被西方人摧毁。

中国在大约5100年前出现良渚、南佐这样数百万平方米的都邑性聚落和若干区域性原生国家，标志着中华文明的形成。距今4000年前左右建立夏朝，历经各个朝代直到现在，政治上分少合多，文化上从未中断。在五千多年的历史长河里，中华文明的民族主体、语言主体前后延续，现代的中国人多数都是五千年前中国人的后代，说着和五千年前相近的语言。四五千年前已有的中国文字，也一直传承使用到现在，只要识字的中国人应该都能认出几个商周时期的甲骨文、金文。

作为一个经历过五千多年风雨至今还生机盎然的伟大文明，中华文明的历史无疑是人类历史上最重要的篇章，中华民族现代文明的建设必须从中汲取营养，中华民族伟大复兴必须走自己的道路。

周虽旧邦，其命维新

伟大的文明必然长久，必然都有延续或不变的一面，也有发展或变革的另一面。古西亚文明经历了苏美尔早王朝阶段从王权形成向专制王权的转变，经历了从阿卡德王国、乌尔第三王朝、古巴比伦、新巴比伦到波斯帝国专制王权的不断加强。古埃及虽然从文明之初就有统一王权，但也走过了王权不断加强、管理体制不断复杂化的过程。中国于距今5100年左右出现区域王权，形成一些原生国家或"古国"。距今4000年左右有了以中原为核心的"天下王权"，进入夏、商、周"王国"时代，秦汉以来跨入中央集权郡县制的帝制时代并不断演变，辛亥革命后建立中华民国，以至于现当代中国。在五千多年的文明发展历程中，传统文化、文明主体从未断线，社会形态和政治制度则不断适应生产力和生产关系的发展而变革。那种认为中国社会长期停滞的论调完全不符合实际。

亚欧大陆西部（广义西方）的原创性发明，多数都首先出现在西亚或所谓"近东"。西亚距今万年前后驯化小麦、大麦、绵羊、黄牛，锻打铜器，发明土坯、白灰等建筑材料，后来还发明青铜器、铁器，并传播到亚欧大陆各地，为人类文明的发展作出了重要贡献。和西亚一样，中华文明也有很多原创性发明，2万年前制造出世界上最早的用于炊煮食物的陶容器（釜），万年前后发明榫卯木结构建筑技术，驯化水稻、黍、粟和猪，水稻至今还养活着地球上一半以上的人口；六七千年前发明夯土建筑技术、养蚕丝织技术。中华文明还有一些伟大的次生发明，4000多年前发展出复合陶范铸造青铜器的技术，促进了夏、商、周三代王国文明的发展；2800年前发明了以生铁为本的钢铁冶炼技术，引发了东周以后生产力的大发展和社会大变革。此外还有中医药的发明，为中华民族的健康保驾护航数千年。秦汉以后还有包括"四大发明"在内的更多有世界性影响的发明创造。

古西亚文明、古埃及文明还有基于多神偶像崇拜的一整套思想观念，以及包括天文学、数学等在内的很多知识创造，对后来的亚欧大陆西部影响深远。中国早在距今8000多年前就出现了共有的"敬天法祖"信仰或观念，有了天文历法、八卦象数等知识系统，孕育出整体思维、天人合一、追求秩序、稳定内敛、和合大同等文化基因。祀天行为和敬天传统的延续传承，成为后世中国古代政权合法性的仪式见证和思想源头，现在则发展为尊重自然、敬畏自然的观念。祖先崇拜和宗族观念流传至今，成为中华民族孝慈伦理、家国情怀的渊薮，深刻影响了东亚地区的社会建构。

"周虽旧邦，其命维新"，"穷则变，变则通，通则久"，中华文明是古老而又常新的，与时俱进、守正创新是中华文明的突出特性，不断创新为中华文明连续发展提供了不竭动力。

文化上一体、政治上一统的大势

两河流域从距今6000多年开始加快了文化整合的步伐，但和伊朗高原、安纳托利亚高原、黎凡特等地在文化、人群、语言等方面仍有不少差异，加上多神"多元"的宇宙观，古西亚并未形成有中心的"一体"文化格局。5000年左右形成的"城邦文明"，城邦始终是国家社会的基础，虽有过超越城邦的王国或帝国，但时间都较为短暂，缺乏长期稳定的政治"一统"。古埃及文化上高度"一体"、政治上高度"一统"，和西亚有很大不同。

中国距今8000多年后文化交流加速，各文化系统初步联结为一个以中原为核心的文化共同体，有了早期中国文化圈或文化上早期中国的起源。距今6000年前后多支系文化间的交流交融显著加强，中国大部地区文化融合成一个以中原为中心的三层次的文化圈，"多支一体"的文化上的早期中国正式形成。到距今4000年左右夏朝建立的时候，文化上早期中国的范围已与当代中国疆域基本相当甚至更大，远大于秦汉以来大部分王朝的统治范围。中国距今5100年左右出现具有区域王权的早期国家，距今4700多年有了以黄河中游为重心的萌芽状态的"天下王权"，距今4100年后夏王朝时出现"大一统"的广幅政治王权，秦汉时形成中央集权郡县制的"大一统"国家并得到长期发展。

文化和政治上突出的统一性是中华文明连续发展的重要基础，是中华民族不断交流交融的结果，植根于中国相对独立的地理环境，以及8000多年前已经形成的共有的"一元"宇宙观、伦理观和历史观。

水乳交融，兼收并蓄

古西亚范围不大但文化、人群构成复杂，内部文化、贸易交流虽持续进行，但区域之间甚至城邦之间的隔阂长期存在。古埃及文化、人群构成单一，内部基本不存在多支系文化的交融问题。古西亚和古埃及彼此之间，以及和周边地区的亲缘文化人群之间，当然都会发生文化和贸易上的交往交流，但至少在进入文明社会后较少接纳真正异质的文化因素，源自中国的粟、黍、丝绸等对古西亚、古埃及文明的影响有限。

中国的地理环境广大多样，文化可分为多个支系，文明起源和形成过程存在过"北方""中原""东方"等多条路径或多种子模式。这些"多支"的文化及其人群不断交流交融、相互包容，形成水乳交融的"一体"局面；这些小有不同的社会发展子模式相互借鉴，共同奏响了中华文明起源、形成和早期发展的主旋律。中国至少在5000多年前就已经出现真正意义上的中西文化交流，在此后的千余年时间里，源自西亚和欧亚草原的绵羊、山羊、黄牛、小麦、青铜技术、块炼铁技术、马车等先后传入中国，成为中国文化的有机组成部分，对中国经济格局的变革、生产力的发展，乃至于中华文明的形成和早期发展，都起到了积极的促进作用。

突出的包含性使中华文明充满活力，蕴藏多种发展契机，能够适应各种环境变化不断前行。求同存异，和而不同，兼收并蓄，是"多支一体"的中华文明稳定发展、绵长延续的秘诀之一。

和平融入了中华民族的血脉中，刻进了中国人民的基因里

西亚早在距今9000多年就出现军事性质突出的石城堡，此后的古西亚文明城邦林立，几乎每个城市都有坚固的城墙、马面、塔楼等防御工事，城邦之间战争频仍。从距今四五千年开始，源自亚欧草原西部的印欧人群驾着马车、携带着各种兵器大范围扩张，所到之处必然伴随着冲突战争，古印度河流域文明的灭亡就被认为和印欧人（雅利安人）入侵相关。古埃及则少见城堡，战争远不如古西亚和古欧洲发达。

中国各地区多支系文化、人群频繁交流交融，必然也有碰撞冲突的一面，但和平发展是主题。中华文明早期坚固的城堡远不如西亚发达，常见的环壕多半是为了区分社会空间，长江流域城垣的主要功能是防水。中国夏代以前很少有专门武器，新石器时代最常见的武器弓箭和钺，无非是狩猎所用弓箭和伐木工具斧的改进版。即便是欧亚草原主要用以打造兵器和工具的青铜，到了中国也多被铸造成象征社会秩序的铜礼器。夏代以后中国历代政治疆域都小于文化上中国的范围，中华文明在数千年的发展过程中，主体范围保持稳定。

中华文明突出的和平性与其广大深厚的农业基础相关。中国主体位于气候适中的中纬度大河地区，具备农业发展的良好条件，并且有着世界上最大范围的农耕区。农业生产需要较长的周期和稳定的社会秩序，长此以往自然就会积淀出追求秩序、稳定内敛、爱好和平的文化性格。和平融入了中华民族的血脉中，刻进了中国人民的基因里。和平性是中华文明连续发展的必要条件。

中华文明五个方面的突出特性是在中华民族数千年来交往交流交融和兼容并蓄发展的过程中形成的，并且贯穿古今，相互联系。从比较视野深刻认识中华文明自古以来就有的突出特性，对于我们更好地了解历史，把握当下，面向未来有着重要的启示意义。

和平性植根于中华文明深处

　　和谐稳定是中华民族几千年来的生活方式，和平共生是中华民族几千年来的处世之道，和合仁善是中华文明几千年来的文化基因。突出的和平性植根于广大深厚的农业基础，并从至少八千年前的文明起源之初延续至今。

和谐稳定是中华民族几千年来的生活方式

　　考古发现表明，八千年前西辽河流域兴隆洼文化的村落里房屋成排分布，六千多年前黄河中游仰韶文化的姜寨等村落里房门朝向中央广场，都显示出社会内部崇尚集体利益，社会秩序井然，和同时期的西亚等地不同。八千年前黄河流域裴李岗文化等的墓葬排列整齐，已有"族葬"习俗，将现实社会秩序延伸到身后世界。聚族而居，聚族而葬，和谐、稳定、秩序是中华先民史前时期就形成的生活方式，并延续到后世。

　　中国新石器时代以来聚落外常见的环壕防御功能有限，五六千年前才出现的城堡远不如古西亚等发达，长江流域新石器时代城垣的主要功能是防水而非御敌，二里头、殷墟等大型都邑并没有城垣。中国原创的武器种类很少，夏代以前仅有的武器弓箭和钺，不过是狩猎和伐木工具的改进版。而欧亚草原主要用以打造武器的青铜，到了中国也多被铸造成象征社会秩序的礼器。军事设施和武器的不发达，是中华先民爱好和平的重要表现。

国家的出现必然加剧冲突，但基于文化认同的国家模式却能够最大限度地减少战争。五千年前形成的分别以良渚、南佐等都邑为中心的古国，虽然只是一些区域性早期国家，但其中任何一个古国的范围都远大于古西亚等的城邦国家，古国内部自然也就不会像城邦之间那样频繁爆发战争。进入夏代后中国政治上初步一统，秦汉以后政治上大一统，大一统国家内部发生战争的几率更低，社会也相对和平安定，而在短暂的政治分裂期则战争频仍、民不聊生，这也是中国人一贯追求国家统一的关键原因。

和平共生是中华民族几千年来的处世之道

中国史前人群和文化虽然分很多支系，但有明显的一体化趋势，至距今八千多年已经有了中国文化圈的雏形，距今六千年左右早期中国文化圈正式形成，范围西到甘青和四川西北部，北到内蒙古中南部甚至蒙古国南部，东北至西辽河流域，东达海岱、江淮，南达江湘，花瓣纹彩陶等遍见于这些地区。四五千年前，早期中国文化圈的范围已经基本涵盖了当代中国全境，在北方、东南方甚至延伸更远：源于黄河中游的彩陶和粟作农业文化已经西抵河西走廊甚至新疆天山南北，西南踏上青藏高原、进入云南；源于长江中下游的稻作农业文化也已流播到华南地区、东南沿海地区和台湾岛。中国文化圈的起源、形成和发展过程，就是农业、陶器、生产工具以及敬天法祖信仰等广泛普及的过程，也基本等同于中华民族的起源、形成和发展过程。这一过程难免碰撞冲突，但和平交往交流交融是主流。

中国夏代以后历代王朝的政治疆域，从来都以早期中国文化圈作为基础。夏、商、周王朝虽然名义上拥有"天下"王权，但有效统治范围主要在黄河、长江流域，也就是早期中国文化圈的核心区域。秦汉以后历代王朝的统治疆域虽然有所扩大，但绝大多数情况下都远小于早期中国文化圈的范围，罕有大范围、远距离侵略和长期占领其他文化圈的情况发生。历史上中国边疆各族群大都和黄河、长江流域族群共享相似的文化传统和历史记忆，各族群之间以和平交融为主基调，短时期的碰撞冲突也基本都发生在早期中国文化圈内部。

早期中西文化交流至少在五千多年前就已经出现，中国在西传彩陶、黍、粟等的同时，也接纳了西来的绵羊、山羊、黄牛、小麦、青铜技术、块炼铁技术、马车等，使其成为中华文化的有机组成。汉代丝绸之路开通以后，还有丝绸、瓷器、造纸术、印刷术、指南针、铸铁技术等生活用品和民用技术从中国传到西方各地，传播方式基本是和平交往和商业贸易而非侵略战争。中国人下南洋，和东南亚等地人民融为一体；下西洋，给沿途人民带去和平诚意。与其他文明交流互鉴、和平共生，是中华民族几千年来的处世之道。

和合仁善是中华文明几千年来的文化基因

中华先民具有悠久的敬天法祖信仰。蕴含四方五位、天圆地方观念的圆、方、八角形复合图案，寓意沟通三界的龙、凤形象，揭示宇宙万物规律的八卦符号，以及圜丘、方坛等祭祀天地的遗迹，从距今八千年左右开始就出现在黄河、长江和西辽河流域的很多遗址，并一直延续到后世。强调亲情伦理、祖先崇拜的"入土为安"的"族葬"习俗，也从距今八千多年开始流行至今。长此以往就积淀形成中华文明特有的天人合一的宇宙观、协和万邦的国际观、和而不同的社会观、人心和善的道德观、和平发展的历史观、和平正义的战争观，以及敬畏、和合、仁善等文化基因。

天人合一是一种强调普遍联系和整体思维的、将自然大道和人间伦理统一起来的"一元"宇宙观，天地化育万物、诞生人类，天地人互相联系，宇宙万物、人类社会既千差万别又是一个统一整体，和合相生、生生不息，蕴含着敬畏自然、敬畏秩序、顺应自然的文化基因。无论是聚落、墓葬的排列有序，都邑的中轴对称，礼器的成组成套，还是文化上的一体、政治上的一统，都体现出中国人对秩序和稳定的不懈追求。

协和万邦的国际观，在古代就是自五帝夏商周以来的天下观，现在则发展为人类命运共同体理念。中国古代主张天下万邦和谐相处、和合共生，不滥杀无辜、不绝人祭祀，比如西周建立后不但封商人后裔于宋，而且神农、黄帝、尧、舜、禹之后也都各有封地，这和以侵略扩张为宗旨的帝国观有着根本区别。当今世界不同文明终归是一个整体，需要彼此尊重、相互依存、包容互鉴、共同发展，最终实现天下大同的理想社会。

和而不同的社会观，就是处理社会关系时尊重差异、和谐相处的观念，"君子和而不同，小人同而不和"。中国地理环境广大多样，族群文化多彩多支，但六千年前就融为一体，四千年前就结成一统，这是中华先民和而不同观的必然结果。五音相和才有旋律，五味调和才成美味，和而不同是人类社会和谐稳定的秘诀。

人心和善的道德观，也就是仁爱慈善的伦理观。上善若水，仁者爱人，从善爱自身、家人，推及仁爱他人、社会，这是中华民族美德的核心内容。中国古代从未有过大规模的奴隶，中国近代从未在海外建立殖民地，这都是中华民族和善友爱的明证。

和平发展的历史观就是从长远时空范围把握历史节奏，注重和平连续发展、珍视历史记忆的观念。距今八千多年以来中国就开始流行"族葬"，同一墓地延续数百年之久，体现中华先民对历史连续性的珍视，中国的历史文献记载更是不绝如缕。以史为鉴，才能找到未来的和平发展道路。

战争总是难以避免，和平性也不是懦弱，中华民族一直以来秉承和平正义的战争观。中国人深知"兵者不祥之器也，不得已而用之"的道理，文武之道，先文后武，先礼后兵，不挑起战争，也不畏惧战争，战争必出于正义、为了和平。

突出的和平性植根于广大深厚的农业基础

中华文明突出的和平性与其广大深厚的农业基础密切相关。中国主体位于气候适中的中纬度大河地区，具备农业发展的良好条件。农业生产需要较长的周期，种子的选育、土地肥力的维持、生产工具与设施的制备、水利设施的建造维护、生产经验的传承等，都需要长期稳定的社会秩序，长此以往自然就会形成追求秩序、稳定内敛、爱好和平的文化性格。中国当然也有畜牧业，但当距今四五千年前牧羊放牛的生业方式从西方传入的时候，稳定和平的基因已然刻在了中华先民的骨子里。

中国古代有着世界上最大范围的农耕区，加上"南稻北粟"二元农业体系的互相补充，以及四千多年前小麦等农作物的传入，粮食来源相对稳定，为稳定定居、和平发展奠定了基础。中华先民特别眷恋故土，大多数情况下的迁徙不过是农人对附近新耕地的开垦，中国文化圈的形成和发展过程也主要就是农业的和平传播发展过程。

与生俱来的和平性为中华文明的连续发展提供了保障，坚持和平发展是中华民族伟大复兴的鲜明特征。和平是人类共同事业，只有人人都珍爱和平、维护和平，和平才有希望。

既要文化自信，也要开放包容

文化是天底下最大的事情之一。顾炎武在《日知录》里面就讲亡天下和亡国有本质区别："易姓改号，谓之亡国。仁义充塞，而至于率兽食人，人将相食，谓之亡天下。"亡国是一家一姓之事，亡天下就是文化的丧失、文明的断绝。文化的事情如此之大，当然值得我们不断探索研究。20 世纪初年，在中西文明激烈碰撞的大背景下，不少学者说过否定中国文化的话，做过否定中国文化和历史的事。放在那个特殊的年代，自有其历史意义。现在对那些言论必须实事求是地分析，既不能继续盲目崇拜，也不能简单否定。

文化自信是必需的事情。对自己的文化不自信，对自己的文明不自信，就谈不上建设中华民族现代文明。过去中国人是很自信的，但在近代吃了亏。吃亏后一些人变得很不自信了，不自信表现在历史观方面就是疑古。胡适就说，"中国东周以前的历史，是没有一个字可以信的。东周以后的历史，也基本是不可靠的"。三皇五帝夏商周，统统不要了。实际上胡适等人的考证并不精密，王国维等不少学者则是反对过度疑古的，但还是有更多人相信疑古学者的言论，可见有大的社会背景在起作用。这样对于中国上古史、中国传统文化的否定，如果任其发展下去，必然导致中国文化、中华文明的断裂。好在经过几十年的发展，中华民族站立了起来，强大起来了，也逐渐恢复了自信。当下和未来我们要走好自己的路，就得看看我们的祖先走过的路，看看中华文明几千年是如何延续发展下来的，这个逻辑没有问题。文化自信也不是轻而易举的事，如果对中华文明的历史尤其是起源形成阶段的历史充满怀疑，就不可能建立真正的文化自信。可是疑古运动已经让很多人不相信三皇五帝夏商周了，怎么办？就得靠考古学。考古学用挖掘出来的证据说话，让人们重拾自信。

比如说 1928 年殷墟发现之后，先前提出东周以上无史说的学者们就不再说话了。大家就会问，如果"层累地造成古史说"的逻辑真的很严密、科学，为什么会被考古发现推翻？既然考古学证明商代没有问题，那夏代、五帝时代为什么一定会有问题？其实考古学很大一个贡献，就是证明古代的很多记载是对的，是真的。当然我不认为考古学能解决所有问题，考古学也有局限性，它主要发现和研究物质文化方面的内容，物质遗存不会自己说话。更何况中华文明延续至今的主要并非物质文化，更重要的是精神文化、制度文化，是宇宙观、伦理观、历史观，是文化基因，对这些内容的解读是考古学的短板，需要结合其他学科进行。

中华文明是唯一没有断流的原生文明。中华文明大概起源于 8000 多年前，形成于 5100 年前，这是有充分根据的。中华文明形成的年代和古埃及、苏美尔文明几乎完全同时。我们在良渚遗址、南佐遗址都发现了 600 万平方米的大城或者大聚落，有 9000 亩地那么大，有着数千上万平方米的宫城、700 多平方米的宫殿建筑。南佐的宫城布局中轴对称、主次分明，跟后来的紫禁城很像。良渚的水利工程令人惊叹，进入文明社会已经是世界上多数考古学家的共识。从文明形成到距今 4000 年左右进入夏代，再到以后各个朝代，中华文明的历史连续不断。中国的文字也是连续不断的，考古已经发现了四五千年前的不少文字，有的几个字甚至十几个字在一起，只不过不像甲骨文那么成体系。中国的语言也是如此，最近学术界有一些关于汉藏语系、阿尔泰语系和南岛语系的研究，这些研究表明中国的语言体系基本上也是一直连续下来的。还有就是通过 DNA 研究发现，中国人的主体基因延续至今。

中华文明是古老而又常新的。很多人觉得中华文明既然古老，就缺乏创新。但要知道中华文明历史已经好几千年了，在几千年的历史长河中有过很多的创造。"周虽旧邦，其命维新"，如果没有创新，就没有发展的动力，怎么可能延续到现在？中华文明的创新在物质、精神、制度等方面都有诸多表现。物质方面的创新，比如我们有世界上最早的农作物里面的几种，稻和黍粟，有最早的家猪，最早的陶器，最早的榫卯木结构的建筑等等。精神方面，8000多年前就形成敬天法祖的思想观念，还有天文历法，通过观察北斗和二十八宿观象授时。又比如八卦，考古发现了不少八卦的卦画或者数字符号，最早的是义乌桥头上山文化的八卦卦画符号，在一个陶罐上有对称4组，每组有阴阳六爻，非常清楚，距今可能在8500年前。稍晚在萧山跨湖桥遗址有数字卦象符号，也是六个一组，跟商周时期青铜器上的数字卦是一样的。商周时期的数字卦经张政烺先生解读破译，后来楼宇烈、张立文等先生都有讨论。再比如说，在8000多年前就有了"族葬"或者族墓地，有了祖坟，黄河流域的墓葬一排一列非常整齐，表明不仅强调现实的社会秩序，也强调死去的社会秩序，反映出祖先崇拜、尊重秩序的观念和悠久的历史记忆传统，而那个时候的古西亚则流行天葬、火葬、居室葬，强调灵魂的纯洁而非祖先崇拜和社会秩序。所以8000多年前是中华文明原创思想文化的爆发期，达到了很高程度，后来只是延续发展。

中华文明的统一性非常突出。统一性问题，不能仅从政治层面去理解，也要从文化层面去理解。我很重视文化上中国或中国文化圈的问题。我认为8000多年前文化上的中国萌芽，6000多年前文化上的中国形成。由于交往交流交融，文化上中国的范围很大，比历史上中国历代的政治疆域都大，到距今4000年左右夏朝建立的时候，已经包括了新疆、西藏、云南、华南、台湾、东北、蒙古高原等很多地区，涉及太平洋上诸岛屿。而且文化上的中国长期稳定发展，从未有过中断。而政治上中国的出现时间比较晚，大概得到夏代前后，且分分合合。中国人的天下观、大一统观，和西方的城邦观、帝国观有很大区别。古西亚每个城邦就是一个政治实体，古希腊也是这样，加上他们是多神多元的信仰，本质上缺乏统一的基因。有时候靠军事征服打成一个帝国，比如说波斯帝国、罗马帝国，但很容易崩盘，因为缺乏统一的思想文化基础。而中国骨子里就是一元、一体、一统，中国基本没有过单纯靠军事征服建立的帝国，中国的王朝都有文化圈的基础，我非常反对将帝国的概念加在中国身上。中国有"一元"的宇宙观和文化上的中国作为基础，所以我说文化上的中国是政治上的中国统一的时候维护统一、分裂的时候向往统一的重要基础。

中华文明具有突出的包容性和兼收并蓄的特性。中国文化早期接受西方的东西不少，比如牛、羊、马、马车、小麦、青铜技术、铁器技术等。当然我们不仅吸纳西方文化因素，而且有创新和提高，比如说我们在距今4000年左右就次生发明了用复合泥范铸造青铜器的技术，大禹铸九鼎的传说有真实的可能性，商代有了后母戊大方鼎那样的青铜重器；距今2700年前次生发明了铸铁技术，极大地促进了战国汉代以后生产力的发展，甚至后来工业革命所依托的钢铁技术也与这个相关。我们讲中华文明很悠久、很伟大，并非说中华文明只有优点、没有缺点，事实上任何文明都有长有短。中华文明之所以能长久延续，其中一个原因就是她的相对开放，她的兼容并蓄。古埃及则是反面教材，发展程度那么高，但过于自信自大和封闭，后来完全消失。所以我们要在传承优秀传统文化的基础之上，积极吸收其他文明的各种先进的好的文化，这样才能建设好中华民族现代文明。我们希望一方面中华民族复兴强大，一方面给世界人民分享发展经验，所以就有了人类命运共同体的理念。人类命运共同体理念基于我们自古以来对于大同社会的追求，以及对于天下的理解。但是如何让国际社会理解这些，还有非常长的路要走。

中华文明的发祥地 东西交流的先行者
——上古甘肃的历史地位

如果用一句话来概括甘肃在上古时期的历史文化地位，我想说，甘肃既是中华文明的发祥地，也是东西交流的先行者。

8000年前迈开文明起源的第一步

我们常说"中华文明五千年"，那是指五千多年前正式出现早期国家，进入文明社会。之前还应该有很长的起源过程，并且可以分为两大阶段。距今8000多年，中国黄河、长江和西辽河流域文化已经开始发生交流，有了"早期中国文化圈"的萌芽，普遍出现以"敬天法祖"为核心的"一元"宇宙观和知识系统，成为中国历史上最伟大的一次原创思想爆发期，迈开中华文明起源的第一步。甘肃也不例外。

以甘肃秦安大地湾一期遗存为代表的大地湾一期文化，又称白家文化，可早到距今8000年左右。大地湾的彩陶是中国西部最早的彩陶，也是世界范围最早的彩陶之一。多为在红陶钵上绘红褐色彩，表面看起来线条简约粗犷，实则多数都是内涵丰富的符号。主要有星形、山字形、波折形、镞形几种，有一种由波折笔画分四组对顶组合而成的大十字形图案，每组笔画复原起来或为6个（原器已残），或许与六爻组成的"八卦"类数字卦象有关，也或许与"四方五位"的宇宙观有联系。这些刻字符的陶钵可能为祭器。大地湾的墓葬排列整齐，土葬深埋，墓主人仰身直肢，开中国后世"族葬"的先河，体现出强烈的秩序感和浓厚的祖先崇拜观念。大地湾还发现农作物黍（糜子），已有初步的农业。

传说中陇山（圣龙山）一带是中华始祖伏羲女娲的诞生地，庄浪朝那湫据说是华胥氏受孕伏羲女娲的圣地，大地湾附近的秦安女娲洞是伏羲女娲诞生地，静宁成纪为伏羲居地，天水卦台山是伏羲演绎八卦之地。伏羲女娲的功绩，包括创制八卦、合婚立制等，也与大地湾等遗址的发现有所吻合。

6000 年前迈开文明起源的第二步

距今 6000 年左右，仰韶文化东庄—庙底沟类型在晋、陕、豫交界地带迅猛崛起并对外强力影响，导致中国大部地区文化交融联系形成以中原为核心的三层次的文化共同体，"多支一体"的"早期中国文化圈"或者"文化上的早期中国"正式形成。此后黄河、长江和西辽河流域各地都出现聚落之间、墓葬之间的分化，有了宫殿式建筑和高规格物品，社会开始了加速复杂化的进程，迈开了中华文明起源的第二步。张家川圪垯川等遗址的发现表明，陇山附近文明起源的第二步迈得不小也不慢。

张家川圪垯川遗址的主体，是距今 6000 年左右仰韶文化史家类型的一个环壕聚落，环壕内面积有 8 万平方米，是目前发现的同时期最大的环壕聚落。方形半地穴式大房屋面积可达 100 多平方米，对称规整，保存得也很好。中心广场的窖穴容积近 60 立方米，底部残存近 10 立方米的炭化粟、黍，折合下来得有数千公斤粮食，是目前所见仰韶时期单体规模最大的粮仓。房屋、墓葬所出陶器制作精美，尤其是带有特殊符号的大口尖底陶罐、彩绘鱼龙图案的葫芦形陶瓶和玉权杖头最为引人注目。这些都显示陇山附近距今 6000 年左右的社会发展程度较高，可能已经出现拥有较大权力的首领，是中华文明化进程中的领跑者之一。

《国语·晋语》记载："昔少典娶于有蟜氏，生黄帝、炎帝。黄帝以姬水成，炎帝以姜水成。成而异德，故黄帝为姬，炎帝为姜。"徐旭生等考证认为，黄帝和炎帝是两个同源部族历代首领的称谓，两个部族都发源于黄土高原，发源地以渭河上游最为关键，后来他们向东迁移的路线是炎帝部族偏南而黄帝部族偏北。炎帝部族从渭河上游偏南东移，就有可能抵达崤山以西的晋南豫西等地；黄帝部族从渭河上游偏北东移，就会到达陇东陕北等地。甘肃、陕西理应是黄、炎部族尤其是黄帝部族的重要活动区域。传说中黄、炎晚于伏羲女娲，考古上仰韶文化晚于大地湾一期文化，因此，陇山两侧距今6000年左右的仰韶文化初期、早期、中期遗存，很有可能就是黄、炎部族尤其是黄帝部族的早期文化。

5000年前陇东走进文明社会的殿堂

如何才算进入文明社会或者国家阶段？历来争论不已。恩格斯提出国家有两个标志，一是"按地区来划分它的国民"，二是"公共权力的设立"。以地区划分国民，就是以地缘关系代替血缘关系；凌驾于社会之上的公共权力，主要就是"王权"。以上述两个标志来衡量，距今5000年左右陇东地区已经明确出现早期国家，成为最早走进文明社会殿堂的地区之一。而社会的加速发展更是早在距今5300年左右即已开始。

距今5300年左右的仰韶文化晚期，秦安大地湾遗址面积扩大到上百万平方米，有了400多平方米的宫殿式建筑，前厅、中堂、后室、东西厢，中开三门，主次分明、中轴对称、布局严整，是和后世中国古典宫殿建筑最为相似且年代最早者。中央火坛直径2米，两个顶梁柱直径近1米，规模宏大气派。礼县高寺头遗址也有类似的宫殿式建筑。距今5000年左右，在陇东地区出现了当时面积最大的聚落遗址——庆阳南佐都邑遗址，遗址面积至少600万平方米，遗址中部是由两重环壕和九座夯土台围成的面积30多万平方米的核心区，再中间为有围墙和"护城河"的上万平方米的"宫城"区，中央的夯土墙主殿建筑面积700多平方米。圆形和方形的夯土"九台"每个底面都在 1600 平方米以上，外侧还有宽大峻深且夯筑底壁的环壕。南佐聚落如此大的规模和强大的组织调动能力，当是区域王权出现的最有力的证明。宫城附近出土了和祭祀相关的精美白陶、黑陶，以及大量水稻，存在明确的专业分工和远距离的贸易控制。南佐遗址所在董志塬上之前仅发现个别小型的庙底沟期遗址，距今 5000 年左右突然涌现出超大型聚落，显然不是在原有聚落（社会）的基础上自然发展而来，而是附近很多人口迁移聚集的结果，这实际上就打破了原有各氏族社会的局限，一定程度上凸显了地缘关系，意味着诞生了一个以南佐都邑为核心的早期国家，控制管理范围可能涵盖黄土高原大部地区，可称"黄土高原古国"或"陇山古国"。因此，南佐遗址是中华文明五千年最重要的见证之一，甘肃也就成为最早进入文明社会的地区之一。

陇东地区有不少关于黄帝的传说，如黄帝问道于广成子、问医道于岐伯的故事，正宁县子午岭西麓还有黄帝先人坟。由此推论，南佐都邑有可能是 5000 年前的黄帝部族之都，但却不见得是轩辕黄帝之都。我们根据陕北地区石城的兴起和黄河中游地区的文化巨变，曾推测轩辕黄帝诛杀蚩尤的涿鹿之战发生在距今 4700 多年，南佐都邑的年代显然早于轩辕黄帝。

5000 年前陇西开启东西文化交流的大门

距今 5000 年左右陇东地区因空间限制、人口聚集而进入文明社会的同时，陇西却走上了一条不一样的社会发展道路。这里向西向南还有大片未开垦的适合发展农业的坡地、高原、绿洲，增加的人口只会不断向外迁徙，而不是"内卷"成文明社会。所以我们会看到马家窑文化仍然是相对平等的氏族社会，盛行彩陶这种热烈奔放的"平民的艺术"，我们会看到因马家窑文化的扩展影响，从而形成最早的东西文化交流通道，可称之为丝绸之路前的"彩陶之路"。

距今 5000 年左右，马家窑文化马家窑类型从甘肃中部向西、向西南长距离扩展。向西沿着河西走廊西进，最西到达甘肃酒泉照壁滩等地。向西南偏东的一支，通过后世所谓"藏彝走廊"，扩展影响到四川西北部和云南等地，并从川西北山地下到成都平原，成为后来三星堆文化的主要前身；向西南偏西的一支，踏上青藏高原，与当地无陶土著文化融合，形成青海共和盆地的马家窑文化宗日类型和西藏东部的卡若文化，甚至还曾一度向南向西远距离迁徙，在遥远的克什米尔地区留下了深深的足迹。反过来，马家窑文化陶盆上的彩绘舞蹈纹图案，东乡林家的青铜刀，也都有可能是受到西方文化影响的产物。距今4000多年以后，流行彩陶的马家窑文化半山类型、马厂类型继续西行，马厂类型已经抵达新疆东部哈密地区。东疆这些彩陶文化，包括农作物黍等，进一步扩展至天山南北，甚至传播到中亚等地。而甘青等地所见锯齿纹彩陶、尖顶冠形符号、绵羊、黄牛、小麦，甚至青铜器技术等，也都先后源自中亚和欧亚草原地区，并通过甘肃传播到中国中东部各地，为早期中华文明的发展增添了新鲜血液。

可以说，正是马家窑文化人群向西向南的拓展影响，使得中华文化得以有机会和西方文化接触，开启了东西文化交流的大门，决定了此后的中华文明一直是一个开放包容的文明。还使得河西走廊、青藏高原、新疆、云南等地早在距今四五千年前就已逐步融入"早期中国文化圈"，奠定了后世中国的西部基础。

位于黄土高原的南佐都邑性遗址

　　甘肃庆阳西峰郊区的南佐遗址，位于黄土高原第一大原董志塬上，这里黄土厚达200多米，适宜农耕，传说中是黄帝部族的活动地域，也是周人祖先不窋教民稼穑、休养生息之地。但一般人可能很难想象，在董志塬上会有一座远早于不窋时期的都邑性聚落遗址。

　　南佐遗址早在1957年就已被发现，20世纪八九十年代曾经有过两个阶段的六次发掘，发现了仰韶文化晚期的一座占地面积700多平方米的大型宫殿式建筑（编号F1），该建筑夯土墙厚约1.5米，残存高度2米以上，开有三门的夯土隔墙将其分成前后两部分：前厅3排柱洞，大堂有一座直径3.2米的大型火坛、两个直径1.7米的大柱。地面和墙体表面抹有多层草拌泥和白灰面。另外，在F1周围一二百米的位置呈倒"U"字形对称分布着9座大型夯土台，有些至今还残存三四米的高度，民间俗称"九女绾花台"。

　　这样一座大型宫殿式建筑为什么会出现在黄土高原上？"九台"到底是什么时候的遗迹，和宫殿式建筑有何关系？遗址的总体范围和结构布局如何？在中华文明起源和形成过程中有着什么样的位置？我们的考古队就是带着解决这些疑问的目的进驻南佐，从2021年开始了第三阶段的考古工作。

　　经过近两年的考古调查和发掘，我们发现在主殿F1东西两侧还各有一列夯土墙侧室，每间侧室有数十平方米，墙残高也是2米多，地面和墙壁也都涂抹白灰面。在东西侧室之外的东、南、西面都有厚约1.5米的夯土墙，如果下一步北侧也发掘出夯土墙，那就会围成一个数千平方米大小的长方形宫城。宫城南墙有内外两重，内墙门道和主殿中门相对，构成宫城的中轴线，外墙也有门道但和内墙门错开，有屏障中轴线主门道的类似后世照壁的功能。宫城外还有宽约15、深约10米的两侧壁有夯土防护的壕沟。令人惊讶的是，主殿、侧室等在某个时间点几乎同时停止使用，所有宫城空间在短时期内以夯土填实，这样就形成了一块数千平方米的大型夯土台基结构，以便在上面营造新的建筑，不过这样做的原因仍然是个谜。这也正是南佐夯土墙建筑保存良好的主要原因。也因此可将南佐宫殿区分成两个时期，第一期的主殿、侧室等，测年约在距今5100年，第二期夯填成台并营建新建筑的年代约在距今4800年。从出土陶器来看两个阶段都属于仰韶文化晚期。

宫城正好位于"九台"的北部中央。我们发现"九台"每个台大约40米见方，每个外侧有宽约20、深约10米的壕沟，"九台"及其壕沟所包围的遗址核心区范围约30万平方米。壕沟的两侧甚至底部有几米厚的夯土护壁，以防流水对自然黄土沟壁的破坏，这种深槽状结构前所未见。壕沟紧贴夯土台底部边缘修建，年代与夯土台同时，发现的陶片都属于仰韶文化晚期，测年也在距今5000年左右。推测很可能是利用壕沟挖出来的土夯筑了"九台"。在"九台"四周一千多米的位置各有一道冲沟，大致围成一个至少600万平方米的长方形的空间，在这个范围内调查勘探发现了仰韶文化晚期的陶片、白灰面窑洞式建筑、夯土基址、沟渠等，有的沟渠和围绕"九台"的壕沟相连。不排除四周冲沟是原来的外环壕被冲扩后形成的可能性。

我们在宫城东侧的祭祀区发掘出数百件箍白色附加堆纹的小罐、成套的带盖塞的彩陶小口平底瓶、白陶、黑陶、涂朱砂的石镞骨镞、绿松石珠，大量家猪和鹿的骨骼，数以百万粒计的炭化稻米。其中白陶、黑陶在黄土高原罕见，一件精美的带盖白陶簋最薄的地方仅有一两毫米，黑陶表面有釉质光泽。大量水稻的出土出人意料，有可能为当地种植，现在庆阳有的地方也还种植水稻，但也有可能是从外地征收或者贸易而来。

南佐的发现让我们有条件思考黄土高原地区的文明形成问题。约600万平方米的遗址范围、30万平方米的核心区、每个上千平方米的"九台"、数千平方米的宫城、700多平方米的主殿，使南佐成为同时期保存最好、规模最大、级别最高的中心聚落之一。大体量宫城宫殿建筑、宫城外和"九台"外的巨大夯土护壁环壕，其建造体现出有着强大的组织管理能力和很高的建筑技术水平。"九台"所围成区域在遗址中心、宫城在九台中心、主殿在宫城中心，主殿中门到宫城南门为宫城中轴线、东西侧室大致对称，构成中心对称、中轴对称、主次分明的复杂的封闭式宫殿格局，很有些类似后世的"紫禁城"。白陶、黑陶等不仅体现出高超的制作水准，是手工业专门化的结果，而且白陶、黑陶、绿松石、水稻以及陶双腹器、夹炭陶等，似乎都和长江中游的屈家岭文化有联系，凸显了南佐中心聚落的特殊性。

恩格斯说"国家是文明社会的概括"，又提出国家须具备"按地区来划分它的国民"和凌驾于所有居民之上的"公共权力的设立"这两个标志。南佐强大的"公共权力"或王权在聚落宫城规模和庞大工程量、复杂严谨的宫殿格局、远距离的贸易等方面有较为明确的体现；南佐聚落是短时间内集中很多人力物力精心规划建设而成，这就打破原有各氏族社会的局限，一定程度上凸显出地缘关系。因此，南佐是五千年前进入早期国家和文明社会的明确例证，是属于都邑性质的聚落遗址。相信南佐的发现会不断改变人们对黄河中游尤其是黄土高原在中华文明形成过程中地位的认识。

南佐"古国"：黄土高原上最早的国家

我们常说中华文明五千年，但什么是"文明"，为什么是五千年？中国先秦文献中虽有"文明"一词，但那是指在道德修养、礼仪制度上达到很高程度后所呈现出的状态，与"中华文明""埃及文明"等语境中的"文明"含义还是有一定区别的。现在一般所说"文明"，多指对"Civilization"等西文词汇的意译，可以理解为国家管理下物质、精神和制度创造的总合。"国家是文明社会的概括"，国家固然不等同于"文明"，但要称得上"文明"，则必须进入国家阶段。恩格斯曾提出国家产生的两个标志，一是"按地区来划分它的国民"，二是"公共权力的设立"。按地区划分国民指以地缘关系代替血缘关系，公共权力的集中体现则是"王权"。以此衡量，距今5100年左右的南佐都邑遗址，是黄土高原上最早出现国家社会的标志，为中华文明五千年增添了又一实证。

甘肃庆阳西峰西郊的南佐遗址，坐落在黄土高原第一大原董志塬上，传说中这里是黄帝部族的重要活动地域，也是以农业著称的周人祖先不窋的老家。南佐遗址发现于1957年，1984～1986年和1994～1996年有过两个阶段的发掘，从2021年开始第三阶段的发掘和调查、勘探工作，基本确认这是一处以仰韶文化晚期大型聚落为主体的遗址，遗址面积在600万平方米以上，可能有外环壕，聚落中部是由9座方形夯土台及其环壕围成的面积约30万平方米的核心区，核心区中部偏北是数千平方米的由"护城河"和夯土宫墙围成的"宫城"，"宫城"中心为主殿，"九台"之外还有多处居住区、夯土台、沟渠水利设施等遗存，出土了大量白陶、黑陶等珍贵遗物和大量水稻，从多个方面显现出早期国家和文明社会气象。

南佐是五千年前建筑工程量最大的聚落之一，彰显出国家力量

南佐聚落不仅整体规模巨大，而且宫殿、夯土台、壕沟水利设施等的建筑工程量也很惊人。以聚落中部的"九台"来说，每座夯土台都约40米见方，现存还有5～7米高，复原起来就像九座小金字塔，每座台子外周有宽约20、深约10米的方形内环壕，内环壕的侧壁及底部更有2～4米厚的夯土护壁，以防流水对黄土沟壁的侵蚀，推测环壕不仅有礼仪象征和防御作用，还应当是与其他沟壕池沼连通的有实际用途的大型水利工程。内环壕外还有一周宽约20米的外环壕，内、外壕总长度估计在5千米以上。"九台"环壕工程总土方量当在75万立方米以上，大概需要5000人工作1年时间才能完成。如果以壕沟中挖出来的土夯筑"九台"，所费工时应当不比挖筑壕沟少。

再看中央"宫城"区。有夯土围墙的长方形"宫城"东西宽约55、南北长约67米，面积在3600平方米以上。"宫城"外有宽约15、深10米的"护城河"，至少它的两侧壁也有夯土护壁。加上"护城河"的话整个"宫城"区占地面积就有8000多平方米。"宫城"中部偏北的主殿占地面积700多平方米，两个顶梁柱柱洞直径各约1.7米，中央火坛（火塘）直径3.2米——差不多是两个人的身长，规模之大前所未见。"宫城"东西两侧还各有一列侧室（侧殿）。所有这些宫墙、房墙都以版筑方法夯筑得十分坚实精整，窄的1～1.5米，宽的可达5米，现存高度1.5～3.5米，是国内年代最早、规模最大、保存最好的一批夯土建筑遗存。建筑材料还包括土坯和最早的红砖，各处地面、墙壁都以石灰多层涂抹装修，甚至宫墙也不例外，这也是国内最早大范围使用白灰面装饰建筑的实例。我们可以想见五千年前的南佐"宫城"到处都是那么洁白明亮，和大家熟悉的北京紫

禁城的色彩大不相同。估计"宫城"区的建筑工程量应该不会少于"九台"区。经勘探和试掘，在"九台"外其他区域还发现有多处白灰面窑洞式房屋居住区、夯土台、壕渠水利工程等，加上可能存在的外环壕，建设工程量又得增加很多。所有这些工程的主体部分理应是大体同时建造完成的，或许需要数千人劳作数年，这还不包括建筑工程的后勤保障在内。推测南佐都邑人口或许有上万之众。也只有出现了强制性的区域"王权"，集合起国家力量，才有可能完成如此壮举。

南佐所在的董志塬上还有其他一些包含精美白陶、黑陶的较高级别的聚落，面积一般数十万平方米，可能是从属于南佐的卫星聚落。陇东甚至整个黄土高原，分布着大量仰韶晚期聚落遗址，但还没有第二处能够和南佐的规模相比。即便秦安大地湾聚落延续到这个时期，规模也是远次于南佐。南佐聚落如此大的体量，"九台"、壕沟、宫殿建造所需强大的组织调动能力，当是区域公共权力或者区域王权出现的最有力的证明。南佐都邑大概是从周围迁入很多人口集中规划建设而成，这必然会造成一定程度的血缘社会重组，形成具有地缘关系的早期国家组织。由此推断，当时在黄土高原地区应当已经出现了一个以南佐为核心的"古国"。

南佐开中轴对称古典宫殿建筑格局的先河，凸显了王权至上

南佐都邑及"宫城"具有清晰的中心对称、中轴对称格局。"九台"及核心区位于聚落中心，"宫城"位于"九台"中心，主殿位于"宫城"中心，大火坛位于主殿中心。主殿坐北朝南，从主殿大堂后部两个顶梁柱中间，向南到主殿中门（共有三门）、"宫城"南门，构成大致南北向的中轴线，东西两侧的侧室（侧殿）和壕沟对称分布。再放大一些视野，"九台"呈倒"U"字形排列，其中的北台就在这条中轴线的北端，东西两侧各有四台互相对称。"宫城"南墙外还有一道与其平行的外墙，类似后世的萧墙或影壁，外墙的门与"宫城"南门错开几米，两道墙之间的空间兼具瓮城功

能，增强了"宫城"的封闭性和防御性。如此布局严整的多个圈层结构的南佐聚落，理应是阶级秩序的礼制性体现，开后世中轴对称古典建筑格局的先河。推测"九台"和主殿应当主要是祭祀礼仪场所，"宫城"区部分侧室（侧殿）有可能作为首领人物的居所。我们注意到由窑洞式建筑组成的普通居住区基本都位于"九台"以外，推测"九台"所围绕的30万平方米的核心区，可能整体都属于与祭祀相关的"圣区"或者贵族居住区。这是一种将神权和区域王权紧密结合在一起的、以王权为核心的建筑格局，凸显了王权至上，与西亚等地神庙和王宫分开且以神庙为核心的情况有显著区别。

南佐"宫城"区出土文物精致贵重，
揭示出阶级分化和远距离贸易控制

南佐"宫城"区出土了白陶、黑陶、绿松石珠等贵重物品，成套的彩陶、朱砂陶、白衣陶、白泥堆纹陶，涂抹朱砂的石镞、骨镞，以及大量炭化水稻遗存，与普通居址区形成鲜明对照，显示当时不但有了较高水平的专业化分工，而且已出现礼制和阶级分化。

白陶、黑陶在黄土高原罕见，但在南佐"宫城"区却发现不少，精致者陶胎最薄处仅有一两毫米，表面光滑细腻，有釉质光泽。如此轻薄精美的陶器，理应用快轮拉坯的方法制作，但我们一直没有在陶器上没有发现快轮旋转痕迹，工艺技术还是个谜。彩陶是黄土高原传统，有些彩陶表面有釉质光泽，有些彩陶成套出土，具有礼器性质，比如在主殿以东祭祀区就集中出土9件小口平底的彩陶酒瓶，每件高度都在60厘米左右，还都配有特殊的盖塞——可既盖又塞，以防止酒精挥发。南佐的朱砂陶、白衣陶、白泥堆纹陶等也都是具有祭祀礼仪性质的特殊器物。朱砂常涂在一种带有圆饼装饰的鼓类器物上，器表内外涂白衣的做法则见于簋、双腹盆、钵、缸、罐、瓮等很多器物上。白泥堆纹陶罐罕见于其他遗址，但在

南佐仅"宫城"东部祭祀区就出土数百件，大小不一，可能是成套的祭祀礼器。经测定，南佐大部分陶器烧造温度在1000℃以上，最高达1116℃，而一般新石器时代陶器烧造温度在700℃～1000℃之间。令人惊讶的还有"宫城"东部祭祀区数以百万粒计的炭化水稻的发现，粟、黍数量极少，反之在"宫城"其他区则绝大多数都是炭化粟、黍。黄土高原农业本来就以粟、黍为主而少见水稻，以珍贵的水稻献祭神祇祖先，也应当是礼制的反映。

南佐"宫城"区出土物还体现出与长江中游、黄河下游等地区的远距离联系。白陶、黑陶都最早出现于六七千年以前的长江中游地区，南佐这两类陶器的出现有受到长江中游文化启示的可能性。尤其是南佐不少黑陶属于夹炭陶，这也是长江流域的古老传统。有意思的是，南佐有的黑陶仅覆盖陶器表面很薄一层，已能做到很好地控制渗碳层厚度，工艺技术和良渚文化最为接近，不排除与良渚文化有交流关系。据科技考古检测，南佐白陶所用原料为高岭土和瓷石，高岭土质量与后世制造白瓷的瓷土质量接近，瓷石原料可能产自南方，有些白陶上面的海洋结晶涂层原料可能来自海岱地区。绿松石、朱砂都不见于黄土高原，南佐的这两类原料有来自长江中下游地区的可能性。大量水稻不排除当地种植的可能性，但也有可能是从长江中游等地远距离贸易获得。可见南佐"古国"应当存在对远距离贸易获取稀缺资源的控制，这也是国家社会的特征。

南佐的考古工作才开了个头，很多谜团还有待后续解开，但据现有的发现，就已经能够证明，中华文明和苏美尔文明、埃及文明一样，是诞生于五千年前的三大原生文明之一。

南佐遗址：实证五千多年中华文明

相信每个踏上董志塬的人都会被强烈震撼，并留下难以忘怀的深刻印象。它宽厚、挺拔、壮丽，黄土高原"第一原"名不虚传。塬上、塬下海拔相差1000多米，平整开阔的大塬之上留下了周人祖先不窋的传说，也曾是黄帝部族繁衍生息的家园。关于这片质朴、厚重土地的远古文明故事，如今再次因南佐遗址而被浓墨重彩地书写。

凸出于地面数米的"九女绾花台"，偶然拾到的色彩、纹饰各异的碎陶片，世居塬上的南佐村村民强烈感知到家乡的与众不同。作为2022年中国考古新发现，南佐遗址被基本确认为距今约5100～4700年之间的仰韶文化晚期的超大型都邑性遗址。"超大型"，意味着其体量、规模在同时期无出其右，这令人惊叹不已。

其实，早在1957年，考古人员就发现了位于甘肃省庆阳市西郊的南佐遗址，20世纪八九十年代又对它进行过两个阶段的发掘。此后直到2021年5月，甘肃省文物考古研究所、中国人民大学、西北工业大学和兰州大学共同组成联合考古队，再次踏上这方塬地，开启了对南佐遗址的第三阶段发掘、调查和勘探工作。

如今，越来越多的人沿着悠悠村道走近南佐遗址。春风迎面吹来，杏花香气若隐若现，脚下古老的黄土地层层覆盖住那个有些神秘、遥远的时代。想到前方就是探寻中华文明起源与发展演进、讲述中国历史文化故事的"陇原新地标"，更让人情不自禁地加快脚步。

黄河流域最大的都邑性遗址

置身南佐遗址考古现场，不难想象当初"南佐人"建设它时的宏伟、壮观景象。遗址的四周各有一条冲沟，其间有沟渠相连，外围有可能还存在超大型环壕，大致形成了一个长方形的闭合空间。其总面积在600万平方米以上，相当于汉唐时期的20个县城那么大，超过8个故宫的面积总和。这是目前国内所见5000年前黄河流域最大的都邑性遗址，甚至是商代以前中国北方地区最大的遗址，为溯源中华文明提供了新的重要节点。

"凡邑有宗庙先君之主曰都，无曰邑"（《左传·庄公二十八年》），南佐遗址不但面积巨大，而且拥有可能用于祭祀天地祖宗的礼仪中心和王公贵族居住的宫城，严格来说属于"都"而非"邑"，遗址的核心区即为实证。核心区由9座大型夯土台及其两重环壕围成，占地面积约30万平方米，里面分布着不少夯土墙、白灰面的高等级建筑，宫城居于中央偏北，出土了许多特殊的高规格器物。

核心区外有五六片普通居住区以及夯土台、沟渠等遗迹，并可能包括农田耕种区。其中，每片居住区面积都达到五六万平方米，房屋是较小的白灰面窑洞式建筑，不见夯土墙建筑，出土器物均为普通生活用品。

近期，文物考古部门将启动南佐遗址核心区的大棚建设项目，以更好保障对核心区的考古发掘，让宫城早日显露真容。

前所未见的"九女绾花台"

关于核心区的9座大型夯土台，当地人给它取了个动听的名字"九女绾花台"，为南佐遗址增添了些许浪漫气息。经年累月，由于水土流失、村民盖房等原因，如今多数土台地表部分已遭毁坏。正是这些突兀、残存的夯土台，成为了确定遗址所在地的重要坐标轴。

在遗址发现之初，考古人员就注意到这里有9个"土堆"，航拍地图上也能看到大部分台子——它们大致呈倒"U"字形对称分布，唯北部台呈圆形且面积最大，其余8个方台均约40米见方，占地面积与故宫的太和殿接近。"九台"早先应当就像9座小金字塔一样矗立在平整的大塬之上，非常醒目。

从目前保存较为完整的西3台来看，其夯土特征与宫城区完全一致，台子内侧有近百米的台阶式道路，另一端通向中轴位置的大冲沟。总体而言，南佐遗址的核心区基本是封闭式的中轴对称结构。按照我国古代"天圆地方"的传统文化理念推断，其中北圆台是祀天的"天坛"，东西两侧的方台为祭祀八方大地的"地坛"。这种礼制性建筑布局前所未见，与后世规制也大不相同，足以彰显出南佐都邑的特殊神圣性。

"九台"及其环壕的建筑工程量同样惊人。初步估算内、外壕总长度在5000米以上，总土方量在75万立方米以上。这实际上就是一项不小的水利工程，且配备了复杂的水利设施。如果每两个人一天完成1个土方（包括夯筑护壁在内），大概需要5000人工作1年时间才能建成。筑台时即便使用壕沟中挖出来的土，但由于夯筑本身费时费力，所费工时或许和挖筑壕沟相差无几。也就是说，仅"九台"及其环壕就需要数千人工作两年时间，这还不算相关的后勤保障。可以想见，5000年前，动员数以千计的家庭、数以百计的村落才有可能构筑的"陇山古国"，足以证明国家力量的存在与强大。

开我国古典宫殿建筑之先河

俯瞰南佐遗址核心区，其宫城择中而居、主次分明，具有严整的中轴对称布局，开了后世中国古典宫殿建筑的先河。

"九台"位于遗址中心，宫城位于"九台"中心，主殿位于宫城中心，大火坛位于主殿中心。主殿坐北朝南，从主殿大堂后部两个顶梁柱中间，向南到主殿中门、宫城南门，构成大致南北向的中轴线，东西两侧的侧室和壕沟均为对称分布。

如此严谨的轴对称布局，是一种将神权和区域王权紧密结合在一起的、以王权为核心的建筑格局，具有鲜明的中国特色。

南佐核心区中北部的长方形宫城，夯土宫墙围起来的空间近3700平方米，宫墙之外还有壕沟或"护城河"环绕，整个区域面积达上万平方米。南宫墙有平行的两道墙，内墙宫门和主殿F1的中门、中央大火坛在一条中轴线上，门两侧还有夯土墙的门塾（门卫房）类建筑；外墙类似后世的萧墙或影壁，向东错开几米也开有一道门。南墙两道墙之间的空间兼具瓮城功能，增强了宫城的封闭性和防御性。无论是作为影壁还是瓮城，它的年代都是最早的。

长方形的主殿F1位于宫城中央，坐北朝南，由"前厅"和"殿堂"两部分构成。以版筑法夯筑的主墙墙体厚约1.5、残高约2米，墙外还有散水台、排水沟等。"殿堂"南墙开有三门，其余三面为圆转角附墙。"殿堂"后部有两个直径约1.7米的大型顶梁柱柱洞，这应该是目前考古发现的或现存的所有我国古代宫殿里面最粗的柱洞了，要知道故宫太和殿的顶梁柱直径才1.06米。"殿堂"前部有一个直径约3.2米的圆盘形地面式大火坛，规模之大令人惊叹！前厅南侧无墙，地面有三排柱洞，每个柱洞直径约0.8米。主殿F1的夯土地基在半米以上，其上铺砌土坯，再涂抹草拌泥和石灰，仅白灰面就至少有6层。所有墙的内外壁、火坛，甚至殿外散水台，也都涂抹多层草拌泥和石灰。在宫城内部东、西两侧还各有一列多间夯土墙侧室（侧殿），大致对称分布，每间建筑面积数十平方米。

值得关注的是，南佐遗址所有墙均为夯筑，且墙壁、地面都涂抹白灰，这是已知的我国最早大规模使用夯筑和白灰面装饰建筑技术的实例。再加上红砖和大量土坯建材的使用，尤其是超大空间单体建筑的建造，显示南佐都邑的建筑技术已达到很高水平。

此外，主殿F1停止使用后就被夯填起来，且夯填得非常精整结实。不仅如此，宫城侧室、走廊等大部分空间也都出现了夯填行为，这样整个

宫城区基本上就变成了一个数千平方米的大夯土台基。也正因为如此，那些残高2米左右的夯土墙才能历经5000年而不倒，

夯填成台基自然是为了在上面建造新的建筑，考古发掘也确实发现了部分仰韶晚期末段的晚期建筑，但因离现在地面太近而保存很差，总体情况不明，这不能不说是一个很大的遗憾。

南北远距离贸易之实证

南佐宫城区出土了白陶、黑陶、绿松石装饰品等贵重物品，成套的彩陶、朱砂陶、白衣陶、白泥堆纹陶，涂抹朱砂的石镞、骨镞，还有大量炭化水稻遗存，与普通居住区形成鲜明对照。这些都表明当时不但有了较高水平的专业化分工，而且已经出现礼制以及国家对远距离贸易的控制。

白陶、黑陶本来在黄土高原罕见，但在南佐宫城区却发现不少，精致者陶胎最薄处仅有一两毫米，表面光滑细腻，有釉质光泽。制作和使用彩陶是黄土高原的传统，有些出土的成套彩陶具有礼器性质，比如在主殿以东祭祀区就集中出土9件小口平底的彩陶酒瓶，还都配有特殊的盖塞——可既盖又塞，以防止酒精挥发。白泥堆纹陶罐也罕见于其他遗址，但在南佐仅宫城东部祭祀区就出土了数百件，大小不一，应为当时盛肉的成套祭器。经测定，南佐大部分陶器烧制温度在1000℃以上，有些甚至超过1110℃，明显高于一般新石器时代陶器的烧制温度。南佐出土的涂抹朱砂的石、骨箭镞，也具有礼器性质，可能类似于周代天子赏赐诸侯的"彤矢"。

尤其令人惊讶的还有宫城东部祭祀区数以百万粒计的炭化水稻的发现，粟、黍数量却极少，反之在宫城其他区域则多为炭化粟、黍。黄土高原古代农作物本来就以粟、黍为主而罕见水稻，以珍贵的水稻献祭神祇祖先，也应当是礼制的反映。这些珍贵的农作物炭化遗存，引发人们无限想象：或许在数千年前，董志塬还是一片湿润温暖、适宜水稻耕种的土地，

但也有可能是从长江中下游等地区远距离贸易获得的。

南佐遗址还挖掘出土了一个红陶大口缸，其上腹有一周压印网格纹，几乎与江汉地区屈家岭文化的缸完全相同。此外，考古发现的白陶簋、白衣陶簋等的圈足特征罕见于黄土高原，同样流行于屈家岭文化。而南佐白陶所用原料为高岭土和瓷石，高岭土质量与后世制造白瓷的瓷土质量接近，源自江西景德镇，瓷石的原料也可能产自南方，有些白陶上的海洋结晶涂层原料则可能来自海岱地区（今山东渤海至泰山地带），高原少见的绿松石、朱砂原料来自长江中游地区。由此可见，南佐都邑应当存在对远距离贸易获取稀缺资源的控制，这也是国家社会存在的特征。

总之，南佐大都邑、大祭台、大宫殿及其环壕水利设施等所体现的巨大建筑工程量，择中而居、主次分明、中轴对称的宫殿建筑布局体现出的以王权为核心的社会状态，高规格器物等体现出的礼制和远距离贸易控制，都表明当时存在一个以南佐都邑为核心的早期国家社会。其控制管理范围可能涵盖黄土高原大部分地区，可称"黄土高原古国"或"陇山古国"。尽管这个庞大古国还有许多等待我们进一步考古挖掘解开的谜团，但毋庸置疑的是，南佐遗址是5000多年中华文明最重要的见证之一，甘肃也是最早进入文明社会的地区之一，在中华文明形成发展进程中具有特殊而重要的地位。

结合古史传说探索中华文明起源

中华文明起源与早期发展这样的重大历史问题的攻关，要以考古学为基础进行多学科全方位的综合研究，尤其要结合文献记载和传承中的三皇五帝传说进行对证研究。

为什么中华文明起源研究要结合古史传说

亚欧大陆西部的古代文明，诸如古埃及文明、苏美尔文明、古希腊文明等，都有自己鲜明的文化基因和丰富的历史记忆，近现代学者对这些古代文明的研究，固然以考古发现的实物遗存为基础，但绝离不开对其中文字材料的解读。如果没有文字或者文献材料，很难想象能从考古学实物遗存中直接分析出确切的神祇信仰体系、灵魂再生观念、法律体系和各种科学知识，更不用说他们的王朝世系、历史脉络。中国虽有至少早到5000年前的文字出土，但可能因为主要书写在绢帛竹木等有机质材料上的缘故，并未发现商代晚期以前成体系的文字或文献材料，很大程度上限制了对早期中华文明的深刻认知。幸运的是，除了晚商的甲骨文，中国还有大量西周以来的传世或者出土的文献史料，以及传承史料，其中包含了极为丰富的关于三皇五帝等的传说，这些都理应成为中华文明起源和早期发展研究的信息宝库。

商周时期距离三皇五帝时代有相当长的时间差距，商周及以后文献中的三皇五帝故事自然免不了传承和传说过程中的错漏虚夸，深入辨析、去伪存真，自然是研究者必须做的，但应当有对传说史料有足够的敬畏和同情之心，没有十足把握，不要轻易言伪。1921年胡适在演讲中说，"在东周以前的历史，是没有一字可以信的。"这种话曾经激励着一批学者勇猛地怀疑古史，出现了影响深远的疑古运动。疑古派虽于破除迷信古史记载的旧风气有所贡献，但疑古过猛，"走得太远"，不可不察。如果以"科学""严谨"的名义，简单粗暴地抛弃蕴含着中华先辈们珍贵历史记忆的传说史料，而指望以民族志的相似性类比或者以其他古代文明的"范式"来激活考古材料，恐怕只能得到一些似是而非、教条僵化的推论而已，不能指望由此归纳出早期中华文明的特质、理清楚中华早期历史脉络。事实上，"中华"之"华"，本身就源于华胥氏的传说，离开古史传说，连"中华"之名义都无从谈起。

结合古史传说已取得的研究收获

1928年殷墟的考古发掘，以坚实的证据证明殷墟为商代晚期的首都，确认了《史记》等文献记载的晚商史为信史，"东周以上无信史"的说法破产。1952年对郑州二里岗遗址的发掘，揭开了考古学探索晚商以前古史的序幕，在此基础上安金槐提出郑州商城为仲丁隞都，邹衡进而提出郑州商城为商汤亳都，虽然郑州商城发现的文字资料有限，但其为商代早期的都城之一已成定论。1959年徐旭生在豫西调查"夏墟"，发现偃师二里头遗址，从调查之初的推测其为商汤"西亳"，到1977年邹衡对考古发掘材料深入分析后提出其为夏朝都城，这期间考古学的证史方法在论辩中取得了长足发展。时至今日，二里头文化为晚期夏文化、二里头遗址为夏代晚期王都遗址的观点已经基本成为定论，夏代晚期历史基本成为信史。而王湾三期文化后期作为二里头文化的前身，被安金槐、李伯谦等认为最有可能是早期的夏文化，自然在情理之中。

五帝时代的探索也有重要成果。20世纪30年代，依据当时的考古发现并结合文献梳理，徐中舒就推测"仰韶似为虞夏民族遗址"。50年代，范文澜推想"仰韶文化就是黄帝族的文化"。七八十年代以来，对五帝时代进行考古学探索的学者日益增多，既有俞伟超、邹衡、严文明、许顺湛等对三苗、唐尧、东夷、炎黄文化等的具体对证研究，也有白寿彝总主编的《中国通史》那样的宏观把握。在《中国通史》第二卷当中，苏秉琦等认为仰韶文化后期对应炎黄时期，龙山时代对应尧舜禹时期，这是在中国新石器时代文化谱系基本搭建起来以后，考古学家对求证上古史做出的重要贡献。90年代中期以后，我们进一步论述了仰韶文化前期已经属于炎黄文化的可能性，还讨论了禹征三苗、稷放丹朱等历史事件在考古学上的清晰反映，为夏文化上限的确定提供了坚实的考古学依据。

《史记》的开端是《五帝本纪》，并没有包括三皇在内。三皇的传说不但被疑古派视为子虚乌有，就连比较相信古史的学者也讨论不多，考古学上的对证研究自然就很缺乏。但如果我们将距今8000多年前义乌桥头、舞阳贾湖、秦安大地湾等遗址的龟卜象数、似文字符号、规矩形骨器、排列整齐的"族葬"墓地等，和伏羲、女娲创作八卦、观象制历、别婚立制、鼎定人伦的传说对比，就会发现其间颇多吻合之处。三皇的传说也当有真实的历史背景，需要考古学去揭开谜底。

此外，中国边疆地区一些古代族群或古代政权，如羌戎、巴蜀、匈奴、大月氏、鲜卑、吴、越等，传说中都和黄河中游地区的华、夏、周等有渊源关系，这或许反映了这些族群或者至少是其统治集团曾经源于华夏的事实，也需要结合考古学认真加以探究，不应以"想象""重构""攀附"等历史虚无的名义轻率加以否定。

结合古史传说开展研究的方法

回顾早商和夏文化等的考古学探索历程，考古学家所使用的主要是由已知推未知的方法，由已知的晚商文化，上推至早商文化、夏文化和先商文化，强调都城定性的重要性，并且注重考古学文化的空间格局和古史体系的整体比对。我们在这里进一步提出两种互有关联的研究方法，一是文化谱系、基因谱系和族属谱系结合的"谱系法"，二是文化巨变、聚落巨变和战争迁徙结合的"变迁法"。

一定时期居住在特定自然环境里的人们共同生活、密切交流，就有可能形成共同的行为习惯和生活习俗，从而在考古学遗存中表现出相似的文化特征；而血缘关系则应当是远古人类共同生活、形成社会的天然纽带。因此，理论上考古学文化和强调血缘认同的"族"就存在相互对应的可能性。甲骨文和传世文献记载中晚商王朝的王畿、四土、边疆方国，与殷墟文化中心区、亚文化区和文化影响区范围的基本对应，金文和传世文献中西周王畿、封建诸侯国、边疆地区，与西周文化中心区、诸侯文化区、文化影响区范围基本对应，足证考古学文化和族属的对证研究一定程度上客观可行。当然，在三皇五帝时代，特定族属的时空范围难以确切界定，考古学文化本身也有不同划分方案，因此点对点的对应容易出现问题。但如果我们建立了新石器时代以来比较完善的考古学文化谱系，也建立了晚商以前各时期的族属谱系，以谱系对谱系，就如同两张网的对应，一旦基本吻合，那确定性就会高很多。近年分子生物学在考古上的应用越来越广泛，建立晚商以前的基因谱系，不再只是一个梦想。将其与文化谱系、族属谱系结合，"三网"合一，一定会取得古史研究的重大突破。不过，基因谱系确定的只是人的血缘关系而非文化关系，族属虽基于血缘，但更是文化认同，所以不能将基因谱系简单等同于族属谱系，就如同不能将文化谱系简单等同于族属谱系一样。

文化巨变和中心聚落的巨变在考古学上比较容易观察到，巨变的原因往往是大规模的战争和迁徙，而这些也是古人心目中印象最深、古史传说中最常记载的。将文化巨变、聚落巨变和古史记载的战争迁徙事件进行比照，确认一些关键基点，是考古学和古史传说对证研究的有效方法。文化巨变最突出的例子，就是豫南和江汉地区龙山前后期之交发生的大范围的文化面貌突变，之前独具特色、兴旺发达的石家河文化，短时期内被以矮领瓮、细高柄豆、侧装足鼎等陶器为代表的王湾三期文化代替，江汉地区延续近千年的20个古城也基本都被毁弃，除了大规模的战争行为，不可能有其他解释！所以我们曾提出这是"禹征三苗"的反映。"禹征三苗"这个关键点一旦得到确认，就基本确证了禹、夏、三苗的史实，确证了禹征三苗和夏建立的年代在公元前2100年左右。聚落巨变最突出的例子，就是同样在大约2100年，北方地区老虎山文化大规模南下代替陶寺文化，原本有鬶无鬲的临汾盆地出现大量双鋬陶鬲，陶寺古城出现暴力屠杀、摧残女性、疯狂毁墓等现象，这也只能是战争才会有的后果，我们曾以"稷放丹朱"来对证这一事件。这个关键点一旦确定，就能够直接证明后稷、丹朱甚至尧的历史真实性和年代。

三皇五帝的考古学对证研究的确是一件非常具有挑战性的工作，这项研究是以考古学为基础的，需要精通考古类型学和考古学文化的研究方法，需要对考古学文化谱系有精准细致的梳理，更需要对三皇五帝传说有深入研究和审慎把握。这就要求考古学家和历史学家携起手来，更亟需大学教育培养出同时兼具考古学和历史学素养的专业人才。无论如何，我们不能对三皇五帝的传说听而不闻，或者对有关的考古学探索畏足不前。因为结合古史传说是做好中华文明起源和早期发展研究的必经之道，是我们当代考古学和历史学义不容辞的共同使命。

运用多种方法挖掘五帝时代真相

　　"五帝时代"指古史传说中夏代以前的中国上古时代，属于"传说时代"或者"原史"时期。古代中国人普遍相信五帝时代的历史真实性。但自晚清民国以来，在中西文化激烈碰撞的大背景下，出现了声势浩大的疑古运动，五帝时代基本被否定。虽然随着1928年以后晚商都邑殷墟、早商都邑郑州商城等的发现，极端的"东周以上无史说"宣告破产，但对商代以前的夏代尤其是五帝时代，学术界仍然充满质疑。

　　根据文献记载可知，"三皇五帝"的提法当出自西周或春秋。"五帝"的具体名单有不同说法，其中最重要的黄帝、颛顼、帝喾、尧、舜的五帝说，很可能春秋时期早已存在。殷墟的发掘和晚商史的证实，说明"层累地造成古史说"的论证逻辑存在很大缺陷。晚商既然是信史，那么早商、夏代甚至五帝时代理应存在历史真实的可能性。但目前所见关于五帝时代的文献都在晚商以后，这些后世文献只是提供了五帝时代有真实历史背景的可能性，只有将文献史学和考古学密切结合起来，找到适当的研究方法，才有希望得到五帝时代的真相。

　　考古学探索和一定程度上实证古史是有可能实现的。考古资料长埋于地，没有人为篡改增删的可能，其客观真实性毋庸置疑，是传说史料最可靠的参照系。经过一个世纪的考古工作，这个参照系的内在逻辑秩序和主要内容已经逐渐被破解释读，中国史前（原史）考古学文化谱系已经基本建立。如果真有过一个五帝时代，那么那些集团的遗存应当基本已被发现。迫切需要一种有效的方法，达成两者之间的互证。已有的对夏商和五帝时代的考古学探索，主要是"由已知推未知"的思路，以考古学文化和族群、国族存在一定程度的对应关系为前提。由于后世文献传说中特定族群的记载模糊或歧异，族群时空范围难以确切界定，对考古学文化本身也存在不同认识，因此考古遗存和古史的对证存在不确定性。

有两种研究方法可以增强古史对证的确定性和有效性。第一种是变迁法，就是以考古学上的巨大变迁来一定程度上证实文献传说中的重大战争或迁徙事件的方法。考古学上的巨变比较容易观察到和容易确定的，发生巨变的原因往往是由于大规模战争和迁徙，这应当也是古人印象最深、最容易被准确记载传承下来的内容。用这种方法所确定的关键点，可以作为其他相关研究的基点。第二种是"谱系法"，就是将文化谱系、基因谱系和族属谱系相互结合的方法，一旦三谱（三面、三网）基本吻合，就会形成更加确定的推论。

文献传说中五帝时代最重要的战争事件，就是五帝时代之初轩辕黄帝和蚩尤之间的"涿鹿之战"，以及五帝时代之末的"禹征三苗"。和"禹征三苗"大略同时的"稷放丹朱"事件，也可能伴随着军事暴力。这些战争事件在考古学上都有比较明确的证明，从而为五帝时代考古学探索建立了三个比较坚实的基点，由此可以初步确定五帝时代的基本时空格局：五帝时代从大约距今4700年至约距今4100年，延续600多年。大致分为三期，早期包括轩辕黄帝、蚩尤和末代炎帝等，中期包括颛顼及其以后诸帝，晚期包括帝喾、尧、舜、稷、丹朱、禹等。五帝时代既非中华文明的起源也非形成时期，而是中华文明早期发展的关键时期。通过兼并融合，五帝时代已经建立了雏形的广幅王权国家，统治范围可能至少涵盖黄河流域大部，晚期"禹征三苗"以后更是将长江流域也纳入国家版图，为初步"大一统"的夏王朝的建立奠定了的基础。

五帝时代是古代中国人心目中信史的头一篇章，对五帝所代表的上古祖宗先圣的崇拜信仰和效法，是中华民族数千年来文化上保持"一体"、政治上追求"一统"，进而中华文明得以延续发展的重要原因之一。考古学的产生虽然使得复原或者重建中华上古史有了新的路径，但单纯依靠考古学很难解决上古时代的精神创造、制度创造、族群认同、历史记忆等重大问题。当然，对五帝时代古史的考古学探索是一件非常困难的事情，前提是研究者必须熟谙相关文献传说和新石器时代考古学，必须掌握严谨可靠的研究方法，而不能盲目比附。后世文献对五帝时代的记载必然真假杂糅，需要认真辨析；初步建立的考古学文化谱系还很粗糙，需要根据新的发现不断完善；基因谱系的建设工作才刚起步，需要大力加强；古史和考古学对证的理论方法更是亟需提炼创新。只有这样，对五帝时代的认识才有可能会越来越接近真实。

从考古发现看夏朝初年的疆域

一

　　说到夏朝初年的疆域，人们自然会想到《尚书·禹贡》里面的"九州"，这冀、兖、青、徐、扬、荆、豫、梁、雍九州的范围，基本上涵盖了黄河、长江流域大部地区，冀州往东北方向可能还涉及西辽河流域。不管九州是禹所划，或只是被禹所拥有，其作为夏初疆域，原本是上古史的常识。但自20世纪初期，在一些人的眼中，这常识成了伪史。1921年，胡适在讲演中说，"在东周以前的历史，是没有一字可以信的。以后呢？大部分也是不可靠的。如《禹贡》这一章书，一般学者都承认是可靠的。据我用历史的眼光看来，也是不可靠的，我敢断定它是伪的。在夏禹时，中国难道竟有这般大的土地吗？四部书里边的经、史、子三种，大多是不可靠的。我们总要有疑古的态度才好！"[1] 在这段话里胡博士用他独特的"历史的眼光"判了《禹贡》死刑，展现了他勇猛疑古和"大胆假设"的风采，唯独没有"小心求证"。求证的工作由他的学生顾颉刚来做。顾颉刚是疑古派的代表人物，他在20世纪30年代创办过《禹贡》半月刊，成立过禹贡学会，他论证提出的《禹贡》作于战国说，从者甚众。但也有其他观点，比如王国维首倡的西周说、郭沫若提出的春秋说等。

1　胡适：《研究国故的方法》，《东方杂志》第18卷第16期，1921年。

春秋时期成书的《左传》里面，魏绛引用《虞人之箴》里的一句话，说"芒芒（茫茫）禹迹，画为九州"（《左传·襄公四年》）。春秋时期的青铜器上也有"咸有九州，处禹之堵（土）"（齐叔夷钟）、"丕显朕皇祖，受天命，鼏宅禹迹"（秦公簋）等铭文。春秋文献《国语》里的"封崇九山，决汨九川，陂鄣九泽，丰殖九薮，汨越九原，宅居九隩，合通四海"，和《禹贡》的"九山刊旅，九川涤源，九泽既陂，四海会同"基本吻合。再往前看，西周中期的青铜器遂公盨上面的"天命禹敷土，随山浚川"的铭文，与《禹贡》开篇"禹敷土，随山刊木，奠高山大川"，以及《书序》的"禹别九州，随山浚川"，惊人地相似。可见禹画九州以及禹迹故事，在西周、春秋时期早已广为流传，《禹贡》当然不会是战国之世地理学家的作品。不过，西周距离夏初尚有千年之遥，西周时期流传的禹画九州和禹迹故事，到底为夏代史实，还是周人创作？这仍然是一个悬而未决的问题。根据现有文献本身难以对此作出决断。需要依靠考古学，从考古发现中寻找证据。

二

20世纪80年代，李民和邵望平最早利用考古学资料讨论了禹画九州等问题。

1980年，李民发表《〈禹贡〉与夏史》一文，说"《禹贡》应属后人依据夏代的某些历史素材，加以口耳相传下来的材料，掺杂着后世的某些语言和政治理想而制定的一篇历史文献"。他认为"河南龙山文化晚期"（也就是王湾三期文化）很可能就是夏王朝早期的文化遗存，而其他龙山时代文化很可能是当时的各"与国"或各氏族部落的文化遗存。"从龙山文化，尤其是它的晚期的地区分布和周围那些所谓的'似龙山文化'的分布区域来看，它与《禹贡》所写的地域范围基本上说是合拍的。"[2] 李民明确提出龙山时代晚期诸文化地域范围和《禹贡》九州地域范围基本吻合，最早尝试用考古学材料正《禹贡》与夏的关系，这是一件了不起的事。不过，他虽然承认夏代已有国家，但却认为《禹贡》所说的"贡赋"制度只限于冀州、豫州等中心区域，而不会广及整个九州。换一句话说，他实际上不认为夏朝初年的统治疆域已能及于九州，除冀、豫之外的其他各州不过是夏之盟国（"与国"）。

1989年，邵望平较为详细地论述了黄河、长江流域龙山时代诸文化和《禹贡》九州的对应关系，她说"龙山文化圈恰恰与《禹贡》九州的范围大体相当"，《禹贡》九州篇是"公元前第2000年间的中华两河流域人文地理的实录"，而"远远未能达到战国时期的水平"，"九州"也就并非战国时代的托古假设[3]。邵望平并不像李民那样明确指认"河南龙山文化晚期"为夏代早期文化，她说"考古学的收获还不足以勾勒出'夏有万邦'的'天下'大势"，当然也就不会去讨论九州是否为大禹所划或所有的问题，不涉及夏初疆域问题。

进入21世纪后，朱渊清也将文献和考古结合起来，论述了龙山时代诸文化和《禹贡》九州的对应关系，认为夏禹"由治水获得的最高权力控制了九州"[4]。也就是说，他是明确承认《禹贡》九州范围等于夏初疆域的。只是这龙山时代诸文化既然是不同的考古学文化，又为何都属夏朝的文化？仍然悬而未决。

三

要在考古学上搞清楚夏初疆域，绕不开"禹伐三苗"这个战争事件。

"禹伐三苗"事件以《墨子·非攻（下）》的记载最为详尽："昔者三苗

2　李民：《〈禹贡〉与夏史》，《史学月刊》1980年第2期。

3　邵望平：《〈禹贡〉"九州"的考古学研究》，《考古学文化论集（二）》，文物出版社，1989年。

4　朱渊清：《禹画九州论》，《古代文明（第5卷）》，文物出版社，2006年。

大乱，天命殛之。日妖宵出，雨血三朝，龙生于庙，犬哭乎市，夏冰，地坼及泉，五谷变化，民乃大振。高阳乃命玄宫，禹亲把天之瑞令，以征有苗。四电诱祇，有神人面鸟身，若瑾以侍。搤矢有苗之祥，苗师大乱，后乃遂几。禹既已克有三苗，焉磨为山川，别物上下，卿制大极，而神民不违，天下乃静。则此禹之所以征有苗也。"其他先秦文献也有类似记载。如古本《竹书记年》："三苗将亡，天雨血，夏有冰，地坼及泉，青龙生于庙，日夜出，昼日不出。"似乎是禹乘三苗发生天灾内乱之际突然兴兵讨伐，三苗惨败。从文献描述的日妖宵出、雨血、夏冰、地坼及泉等现象来看，似乎有过傍晚时分的日全食、冰雹甚至地震等。美国学者彭赿钧在1983年就发表文章提出过日全食的事。20世纪90年代末的"夏商周探源工程"还专门设立了"禹伐三苗综合研究"专题，刘次沅等推算"天再昏"的时间最有可能是在公元前2104年，那当然也可能就是禹伐三苗的大致时间，可备一说。

"禹兴于西羌"（《史记·六国年表》），"禹会诸侯于涂山"（《左传·哀公七年》），传说中禹的足迹西至甘陕、东达江淮，遍及九州。与其寻找禹的活动轨迹，不如探讨夏人的主要分布区。徐旭生分析了七八十条有关夏人活动地域的文献，认为最值得注意的是晋南豫西[5]。他1959年调查发现的偃师二里头遗址，现在基本被公认是夏代晚期的都邑所在[6]。夏初都邑自然也当距离偃师不远，不出晋南豫西的范围才对，再远也应该还在黄河流域吧。"三苗之居，左彭蠡之波，右有洞庭之水，文山在其南，而衡山在其北。"（《战国策·魏策》）。徐旭生考证，三苗的这个范围大约在鄱阳湖以西、洞庭湖以东、桐柏山以南，正是江汉平原地区，三苗属于中国上古时期三大集团之一的"苗蛮集团"[7]。

5　徐旭生：《1959年夏豫西调查"夏墟"的初步报告》，《考古》1959年第11期。

6　邹衡：《试论夏文化》，《夏商周考古学论文集》，文物出版社，1980年。

7　徐旭生：《中国古史的传说时代》（增订本），文物出版社，1985年。

从考古学上来看，公元前2100年左右的龙山时代前后期之交，在豫中西是王湾三期文化，在江汉平原和豫南等地是范围更为广大的石家河文化。王湾三期文化晚期和夏晚期的二里头文化一脉相承，最有可能是早期夏文化[8]，石家河文化则很可能是三苗文化[9]。石家河文化差不多已发现了20处城址，最大的湖北天门石家河古城，有120万平方米以上。数以万计的可能作为祭品的动物形、人形小陶塑，数以万计的可能用于斟酒祭祀的红陶杯，套缸构成的祭祀遗迹等，具有浓厚的地方文化特色。陶塑小人似乎是以麻或布束发，而不见中原地区常见的簪笄，也正好符合"三苗髽首……中国冠笄"（《淮南子·齐俗训》）的记载。墓葬缺乏讲究的棺椁和贵重的玉器等物品，却随葬大量陶器，表现出"重富轻贵"的社会风尚。

公元前2100年以后，王湾三期文化和石家河文化之间发生了戏剧性的巨大变化，后期阶段的王湾三期文化突然大规模南下，导致方圆千里的石家河文化覆亡。王湾三期文化不但占据了原来属于石家河文化的豫南、鄂西、鄂北等地，就连江汉平原腹地的文化面貌也变得与其相似，有人因此称江汉平原腹地此后的文化为后石家河文化或肖家屋脊文化。从屈家岭文化到石家河文化延续近千年的20个古城遭到毁弃，曾经盛极一时的红色小陶塑、红陶杯、套缸祭祀设施等基本消失。新出不少瓮棺葬，里面放着一些精美的小件玉器，有些透雕的神兽面纹玉器、冠形玉器等，更早就见于山西襄汾陶寺、河南禹州瓦店、山东临朐西朱封等遗址，显然属于黄河中下游地区的文化因素。这样的剧烈变化，绝不可能是一般性的文化交流和贸易等可以解释，只有一种可能性，就是中原和江汉之间大规模的激烈战争所致，应当对应"禹伐三苗"事件[10]。最新的考古发现表明，肖家屋脊文化分布到了湖南洞庭湖地区，见于华容七星墩、澧县孙家岗等遗

8　安金槐：《豫西夏代文化初探》，《河南文博通讯》1978年第2期。

9　俞伟超：《先楚与三苗文化的考古学推测》，《文物》1980年第10期。

10　杨新改、韩建业：《禹征三苗探索》，《中原文物》1995年第2期。

址，可见夏人的影响一直达到了三苗曾经的南部边缘地带。

四

禹伐三苗之后很快就有了夏王朝的建立，至少河南大部和江汉两湖地区已经归夏统治，"九州"之豫州、荆州就有着落了。但其他各"州"是否确属夏朝管辖，其他龙山时代文化是否也属于夏朝的文化呢？

《古本竹书纪年》有"后稷放帝朱于丹水"的记载。后稷是周人的先祖，钱穆等不少学者认为后稷居地应该在冀州中心晋南地区，晋南现在还有稷山县、稷王山，留下了很多关于后稷的传说。丹朱即陶唐氏尧的儿子，陶唐氏和尧的居地有山东、河北、山西诸说，或许存在一个自东向西迁徙的过程。到尧称"帝"的时候，应该已在晋南。《左传·哀公六年》引《夏书》说："惟彼陶唐，帅彼天常，有此冀方"，说明陶唐氏在冀州。《帝王世纪》记载"帝尧始封于唐，又徙晋阳。及为天子，都平阳"，这是"尧都平阳"说的出处。按理说尧子丹朱一开始自然也应该在晋南，后来才被流放到豫西南丹水一带。在《尚书》里面，周人先祖后稷是和尧、舜、禹大体同时代的人物。

龙山时代前期，在陕北、内蒙古中南部、晋中北和冀西北的"北方地区"，分布着老虎山文化，有神木石峁等诸多石城址，流行双鋬陶鬲。而在晋西南地区则是以襄汾陶寺古城为中心的陶寺文化，流行陶斝。恰好也是在公元前2100年左右，老虎山文化大规模南下，不但造成了临汾盆地陶寺文化的衰亡的和陶寺晚期文化的形成，而且其双鋬鬲、卜骨、细石器镞等因素还渗透到华北和黄河中下游广大地区。这样巨大的文化变迁，很可能就是"稷放丹朱"事件的反映[11]。由此我们知道，至少公元前2100年的陶寺文化后期应当属于陶唐氏文化遗存，而老虎山文化和陶寺晚期文化

11　韩建业：《唐伐西夏与稷放丹朱》，《北京大学学报（哲学社会科学版）》2001年第3期。

则可能是和后稷相关的人群的遗存。陶寺古城曾一度作为尧都平阳，这也是当代不少学者的看法。

稷放丹朱和禹征三苗的时间如此巧合，让人不由得猜测当时夏禹和后稷之间或许有过某种约定。"稷放丹朱"事件之后，老虎山文化的陶双鋬鬲等因素进入洛阳地区，这一过程中非但并未造成王湾三期文化的衰落，而且可能还助推了"禹伐三苗"的成功。西周时期周人"缵禹之绪"（《诗经·鲁颂·閟宫》）、"陟禹之迹"（《尚书·立政》），自称"我有夏""我区夏"，以承继夏之绪统为荣，以夏人自居，应当渊源有自。放大一点看，王湾三期文化、陶寺晚期文化、老虎山文化都属于中原龙山文化，同属于中原龙山文化的还有甘青地区的齐家文化、关中地区的客省庄二期文化、太行山以东的后冈二期文化和雪山二期文化、豫东地区的造律台文化等。这些文化绝大部分都是在仰韶文化的基础上发展演变而来，都属于一个文化传统，很可能就是徐旭生所说"华夏集团"的文化。由此推测，黄河上中游地区的雍、冀二州，在夏初也应属于夏朝统治范围。

五

《尚书》《史记》等记载尧舜禅让故事，《竹书纪年》却说"舜囚尧，复偃塞丹朱"。舜囚尧及丹朱，应该和"稷放丹朱"是同一件事，很可能是舜、稷甚至包括禹合谋的结果。其后舜禹禅让也好，还是禹逼舜也罢（《韩非子·说疑》"舜逼尧，禹逼舜"），反正舜和禹之间的权力传递也只是华夏集团内部的事情。

如果说尧都平阳确在陶寺，那么作为继尧而登"帝"位的舜都也理应在陶寺或者附近。《帝王世纪》就说"舜所都也，或言蒲坂，或言平阳及潘者也"。但据徐旭生等考证，舜及其所属有虞氏的原初居地更可能在豫东鲁西南一带，也就是九州之豫州东部到徐州西部一带。周武王就将舜之后分封到陈地淮阳，孟子也说舜是"东夷之人"。李伯谦认为豫东、鲁西南地区龙山时代的造律台类型（现在一般称造律台文化），正是有虞氏的文化遗存。造律台文化本身是在大汶口文化基础上，同时受到王湾三期文化、龙山文化与石家河文化的影响而形成，和华夏、东夷、苗蛮三大集团都有密切关系。在豫东、鲁西南、徽北这样一个文化交汇之地，有"涂山"的传说，还在安徽蚌埠发现了禹会遗址，包含丰富的造律台文化遗存，应当不是偶然的事情。看来，徐州一带夏初也可能已属于夏王朝的疆域了。周口时庄遗址发现了造律台文化末期较大规模的仓储遗迹，被发掘者称为是夏代的"国家粮仓"，自然也是有一定道理的。造律台文化在公元前2000多年大规模向南扩张，深刻影响到江淮、江浙地区广富林文化、斗鸡台文化等的形成，这或可看作是华夏集团一定程度上管控长江下游地区的证据。当禹继大位之后，长江下游或者扬州成为夏初九州之一，也就是顺理成章之事。

《战国策·魏策》记载，"禹攻三苗而东夷之民不起"。东夷集团和苗蛮集团本来关系密切，石家河文化刻有字符的陶尊就源自大汶口文化晚期，更早屈家岭文化的形成也有大汶口文化的贡献。但到禹伐三苗时两者的关系疏远，有虞氏的崛起正好将二者隔开。禹伐三苗以后在江汉地区出土的小件玉器，源头之一就在海岱的龙山文化。推测禹伐三苗的时候，东夷不但不帮助三苗，而且很可能还参与了伐三苗的军事行动。这样一来，龙山文化所在的兖州、青州，在夏初也就有了属于夏朝疆域的理由。

四川、重庆地区属于九州之梁州，龙山时代有成都平原的宝墩文化和重庆地区的中坝文化。二者的主要源头是仰韶文化和马家窑文化，也受到长江中游屈家岭文化和石家河文化的影响，龙山后期则明显受到王湾三期文化的冲击，尤以三峡地区看得最清楚。推测夏初夏王朝也可能已经统治梁州。

六

在文献记载中，夏王朝的创建者无疑是夏禹。禹画九州，"王天下"（《韩非子·五蠹》），拥有名义上统治整个天下的广幅王权。但在考古学上，一般认为从二里头文化时期，或者夏代晚期开始，才出现了绝对中心和广幅王权；而龙山后期或者夏代初期多个考古学文化并存，似乎仍然是群雄争霸、"万国林立"的状态。我在写作《早期中国——中国文化圈的形成和发展》一书的时候，对这一文献记载和考古发现之间的不吻合现象困惑不解。当时我还说过这样一句话，"龙山后期中原虽具有一定的核心地位，但程度有限；夏朝早中期虽具有一定王权，但也只是雏形王权。"

经过近几年的思考和朋友的指点，我终于想通了这样一个简单的道理，那就是不能把考古学文化和国家社会混为一谈。夏朝初年，夏王朝的核心统治区域是豫中西和晋南地区，核心文化应该是王湾三期文化，或者也包括陶寺晚期文化。主体区域是黄河上中游地区的雍、冀、豫、徐诸州，主体文化当为范围广大的中原龙山文化。通过禹征三苗等事件，夏后氏将长江流域或者荆、扬、梁诸州也纳入统治范围，深受中原龙山文化影响的长江流域龙山文化也成为夏王朝文化的组成部分。至于海岱或者兖、青二州，在禹征三苗以前应当已纳入夏的统治范围，该地区的龙山文化也当属于夏王朝的文化。可见，《尚书·禹贡》《史记·夏本纪》等文献所记夏初历史应当基本属实，"九州"确可基本等同于夏初疆域。也就是说，从夏禹伊始夏王就对中国大部地区实行统治，夏初中国已进入较为成熟的国家阶段或者"王国"文明时代，而不必等到夏代晚期或者二里头时代。